三毛传
流浪是生命的开始

林希美 著

北方文艺出版社

图书在版编目（CIP）数据

三毛传：流浪是生命的开始/林希美著.——哈尔滨：北方文艺出版社，2019.9（2021.3重印）
ISBN 978-7-5317-4129-9

Ⅰ.①三… Ⅱ.①林… Ⅲ.①三毛（1943-1991）–传记 Ⅳ.①K825.6

中国版本图书馆CIP数据核字（2018）第190671号

三毛传：流浪是生命的开始
SANMAO ZHUAN LIULANG SHI SHENGMING DE KAISHI

作　　者/林希美	
责任编辑/宋玉成　赵　芳	封面设计/锦色书装
出版发行/北方文艺出版社	邮　编/150008
发行电话/（0451）86825533	经　销/新华书店
地　　址/哈尔滨市南岗区宣庆小区1号楼	网　址/www.bfwy.com
印　　刷/三河市南阳印刷有限公司	开　本/880mm×1230mm　1/32
字　　数/170千	印　张/9
版　　次/2019年9月第1版	印　次/2021年3月第2次印刷
书　　号/ISBN 978-7-5317-4129-9	定　价/39.80元

序：流浪滚滚红尘，静守绝世爱情

中庸讲："天命之谓性，率性之谓道。"

这个世界上有一种人，她只为活出自己的本色。她追梦、流浪、纯真、真实……一切的一切，只从心出发。

她特立独行，以作品和人格气质，吸引了万千读者；

她自闭敏感，把自己和时间交给书本，培养了扎实的文学底子；

她浪漫多情，用追求自由的方式邂逅爱情，成就一段非凡绝恋；

她追随梦想，用双脚丈量四方，走遍万水千山；

她享受生命，梦想是拾垃圾，在垃圾场品味艺术生活；

……

她一生游历五十多个国家，会说十几种外语；她著书写作、做编剧、做翻译、写歌词……她笔下的作品，成为一种新的文学形式，叫作流浪文学。你可能没看过她的书，但一定听过她写下

| 三毛传 |

流浪是生命的开始

的《橄榄树》。

她说:"每想你一次,天上飘落一粒沙,从此形成了撒哈拉。"她还说:"爱情有若佛家的禅,不可说,不可说,一说就错。"最后她还说:"如果有来生,要做一棵树,站成永恒。没有悲欢的姿势,一半在尘土里安详,一半在风里飞扬……"

她就是天命所归,率性而活的人——三毛。

三毛的一生,不同于常人,亦不可把她算作凡夫俗子。在她短短四十八年的光景里,活了别人的几世。然而,最终她厌烦了世间,用一条咖啡色的丝袜告别红尘,归彼大荒。

有人说,三毛的一生,只完成了两件事:一件是自由流浪,另一件是遇到荷西。在没遇到爱情前,她通过流浪的方式寻找着故乡;遇到爱情后,她生活在撒哈拉,甘心做一个平凡人家的妻子。

他在哪里,家在哪里,心在哪里。他意外去世,她的十条命去了九条,只留一条苟活于世。她用工作麻痹自己,用流浪的方式让身体在路上,只为暂时不想他。

回顾一生,三毛说:"我的这一生,丰富、鲜明、坎坷,也幸福,我很满意。过去,我愿意同样的生命再次重演。现在,我不要了。我有信心,来生的另一种生命也不会差到哪里去。我喜欢在下次的空间里做一个完全不同的人,或许做一个妈妈。在能养得起的生活环境下,我要养一大群小孩和他们做朋友,好好爱他们。假如还有来生,我愿意再做一次女人。我觉得目前作为一个男人,

序

流浪滚滚红尘，静守绝世爱情

社会的背负力，被要求的东西比女人多得多，我不喜欢。是否有来生，谁也无法回答。命运的拨弄，使我们身不由己地离离合合。"

一个人，原本应该好好经营今世，但三毛却一心向往来生。她希望生命重新洗牌，好好地再活一世。

三毛一生中，有三次自杀经历。第一次，她十三岁，因受老师惩罚而想到自杀；第二次，她二十九岁，未婚夫意外去世，她只想随他而去；第三次，她四十八岁，她累了，想"了"了，便彻底解脱。

她的故事，无须杜撰，亦不可复制，但仍是值得去品味的一部传奇。她曾说："我喜欢把快乐当作一种传染病，每天将它传染给我所接触的社会和人群。"

当她把快乐写到书里，带给读者时，有读者问："三毛，你是一个如此乐观的人，我不知道你怎么能这样凡事都愉快。"

三毛给读者的回答是："我想，我能答复我的读者的只有一点：我不是一个乐观的人。"

如果说，她的人生总是充满悲伤与苦痛，不如说她的人生还写满了自由与潇洒。每个人的一生，都悲伤与喜乐参半，哀伤与幸福参半，自由与束缚参半……

三毛也不例外。只是，她的每一半经历都活出极致，活出属于自己的爱与自由。

许巍在《曾经的你》中唱：曾梦想仗剑走天涯，看一看世界

| 三毛传 |

流浪是生命的开始

的繁华,年少的心总有些轻狂,如今你四海为家。

她是那个仗剑走天涯的姑娘,也看尽了世界的繁华。她有太多的故事要说,不知谁愿意倾听。她一生都在寻找那个倾听的人,但除了荷西,她没有再遇到任何一位知音。

但愿,你是;但愿,我是。

她说,醉笑陪君三万场,不诉离伤。她端起酒杯,不慌不忙地开始了讲述,只希望你听完能不悲伤,离开后,亦不诉离伤。

最好,相忘于江湖,如果有缘再见,相视一笑,彼此点点头,就好。

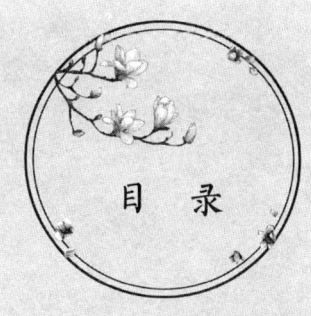

目录

第一章　寂寞，这个世界太吵了

　　烽火年代，一切随心而发 · 003

　　坟场是寂寞的信仰 · 007

　　一个人的世界，是书 · 011

　　登船去台湾 · 016

　　拾拾捡捡，那是对自由的向往 · 021

第二章　自闭，他们都病了

　　原来我也有朋友 · 029

　　长大，多美好啊 · 035

　　初恋，我不负你 · 040

　　"半盲的瞎子"是病人 · 045

第三章　自信，原来我也有价值

　　是上帝，打开了一扇窗·055

　　遇见毕加索·061

　　一篇发表的稿子·066

　　再见，最爱的老师·071

第四章　伤心，拒绝是不够爱吧

　　少女情怀总是诗·077

　　勇敢地去表白·082

　　如果爱，请给我婚姻·088

　　毕加索，我来了·093

第五章　漂泊，无处安放的灵魂

　　人是无根的树·099

　　初识荷西·105

　　"表弟"表白了·109

　　爱情，是一场又一场游戏·114

　　人生，不该再有遗憾·119

第六章　心动，经得起考验的爱情都是真情

远方的游子回来了 · 127

让我随你去 · 132

再遇荷西 · 136

对的人，能让心灵靠岸 · 141

我要去撒哈拉 · 146

第七章　自由，三毛的流浪，流浪的三毛

撒哈拉，不要问我从哪里来 · 153

朴素的婚礼，十分的幸福 · 158

有你的地方，再破也是家 · 163

你是独立的，我亦是自由的 · 168

人人都有嫉妒心 · 173

哭泣的骆驼 · 177

永别了，撒哈拉 · 183

大加纳利岛，一个没有梦想的地方 · 187

第八章　绝望，原来我不能死
　　　　即使病了，我也不愿离开你 · 195
　　　　一个梦里的地方 · 199
　　　　死亡噩耗 · 206
　　　　亲爱的，让我的灵魂守护你 · 212

第九章　流浪，身体在路上，我才能暂时不想你
　　　　哀莫大于心死 · 219
　　　　还好，是我饮下了这杯痛苦的酒 · 224
　　　　神秘的地方或许不是梦 · 229
　　　　签约去旅行 · 234
　　　　一路走，一路痛 · 238
　　　　苦海无边，你悟了吗？ · 243

第十章 释然,滚滚红尘我来过

　　滚滚红尘 · 251

　　世界不单纯 · 257

　　卸下肉体凡胎 · 262

　　醉笑陪君三万场,不诉离伤 · 269

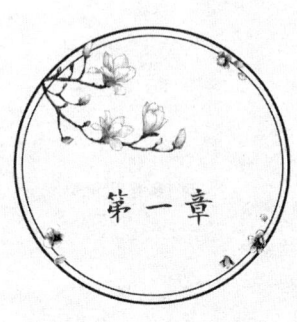

第一章

寂寞,这个世界太吵了

烽火年代，一切随心而发

"不要问我从哪里来，我的故乡在远方，为什么流浪，流浪远方，流浪……"一首沧桑清凉的小诗，一首飘逸带着泥土气息的曲子，一个向往自由流浪的灵魂，伴着齐豫的《橄榄树》，有一位女子正向我们走来。

她走在烟雨蒙蒙的繁华街道，不打伞，笑看匆匆忙忙的赶路人；她走在广阔无垠的撒哈拉，光脚，拿着相机不停地拍照留念；她走在滚滚红尘，喝着酒，笑着说：醉笑陪君三万场，不诉离伤……

经常有人问：爱情是什么？人生是什么？红尘又是什么？缘生缘死，生生灭灭，互为因果，这便是最好的答案。

我们这位女子，她从一出生，便开始思索自己的前生今世。她总觉得，自己的前世不简单，今生亦不会寻常。为了这个答案，她流浪，渴望自由，急不可耐地把心交出去，然而，回应她的是

| 三毛传 |

流浪是生命的开始

一条又一条血淋淋的伤疤。

直到,她再不贪恋世间,众生再不能给她答案,她选择了自我了断。对于大部分人来说,这有点儿不能理解,身体发肤,受之父母,这样决绝实在有点儿残忍。可是,她就是她,她愿意为了这个答案卸下肉体凡胎,这种失去又何尝不是一种得到?

此时,一张胶片已开始转动,它为我们带来了一部老电影,电影中的女人公,便是这位不凡的奇女子——三毛。

故事开始了。

1943年的重庆,阳春三月,气候宜人。此时,抗战仍在进行中,而且到了黎明之前的关键时刻,人们都在慌乱逃亡中,没人注意到一位女孩降生了。

1943年3月26日,陈嗣庆在黄角桠迎来了让他骄傲一生的爱女——三毛。屋内女孩哭声洪亮,带来生的喜悦;屋外陈尸百万,哀鸿遍野。陈嗣庆为这个孩子取名为陈懋平,"平"字代表了父亲对于和平的心愿。张爱玲说,乱世的人,得过且过,没有真的家。许是经历了战争的缘故,陈嗣庆对于后来三毛一切不合常理的行为,都予以支持。若不是如此,这个小女孩也不会去流浪,更不可能去几乎荒无人烟的撒哈拉。

陈嗣庆,浙江海岱山岛小沙乡人,毕业于苏州东吴大学法律系,后来去上海做过教书先生。因战争影响,举家搬到了重庆,为了生活,陈嗣庆仍以熟悉的法律为业。三毛的母亲缪进兰,曾经也

第一章

寂寞，这个世界太吵了

是一位教书先生，高中时期还参加过学校抗日救亡协会，表现十分积极。她与陈嗣庆相遇后，人生轨迹发生了巨大的变化，成了一个全职家庭主妇。

陈嗣庆和缪进兰两个人，都是地地道道的基督徒，基于共同的信仰，这个家庭极少抱怨时代的衰落，生活的不如意。许是上帝听到了他们的祈祷，三毛出生两年后，日本政府正式签署了投降书，战争终于结束了。

为了让全家过上更好的生活，陈嗣庆决定带着全家搬到当时国民政府所在地——南京，并在那儿开了一家律师事务所。陈嗣庆的事务所生意不错，没多久，他们从寄居小屋，搬到了鼓楼头条巷四号，住进了一栋西洋别墅，并与三毛的大伯生活在一起。

从重庆到南京，对于年幼的三毛来说，一切并没有多大的变化。她有母亲照顾，只需温饱便已知足。

随着年龄的增长，三毛的聪慧逐渐凸显出来。她智力发展良好，说话、写字极有天赋，赢得了长辈们的喜欢。就在她学习写字时，名字陈懋平中的"懋"字她怎么也写不好，于是她删繁就简，将"懋"字省去了，变成了"陈平"。陈嗣庆是一位开化的智者，没有因三毛的行为而生气，从此陈平成了三毛的第二个名字，同时也是她生平使用的第一个笔名。

三毛自由的种子，从那时起便种下了。也因为她的与众不同，她在其他方面的表现又总是令人沮丧。她性格孤僻，不喜欢与同

流浪是生命的开始

龄的孩子玩,总觉得他们过于幼稚。她更喜欢一个人静默思考,练字读书。

她的孤僻没有得到长辈们的夸赞,不知不觉,邻居们对她的行为也开始有了闲言碎语,加上全家人住在一起,她总觉得这个世界太吵闹了。

否定的声音,打击着她小小的心灵,让她体内的孤僻因子渐长。没人知道,这些声音对她造成了怎样的伤害,大人们却还是一味地让她按照他们的意愿行事。偏不,她要自由,她要挣脱这些枷锁。

静默带来思考,她后来学会了冷眼看世人。她以为她已经懂得了人性,可人性总让她失望。即使如此,她依然热爱着这个世界,繁华又广博,多好啊!

三毛说:"最深最和平的快乐,就是静观土地与人世,慢慢品味出它的美与和谐。这份快乐,乍一看也许平淡无奇,事实上,它深远而悠长。在我,生命的享受就在其中了。"

人,无论何时,都应过得快乐,可快乐又最难。因为外界总与人的渴望相悖。诚实地做自己,有人骂你自私;为他人着想,又活得委屈讨好。其实,只要没有伤害他人,一切都不用在乎他人眼光。而我们最在乎的人,即使讨好了又怎样,那也是一种幸福。

一切从心出发,带着外人看上去的"自私",带着对家人、亲人、朋友的爱上路吧,这一路收获的成长,最终都能变成生命的果实。

坟场是寂寞的信仰

远古时期,老祖宗们为了驱逐野兽,选择了群居生活,自此,人与人之间,总有着某种依赖与牵连。有些人,离开人群便没有安全感;有些人,离开人群反而获得了某种自由。人群,往往意味着同化,而一个人,则能屏蔽繁杂的声音,静下心来自我观照。

三毛从小就是一个离群索居的姑娘,她在静默中观察着一切,发现许多同龄的孩子太过幼稚,自己与他们不是同类。同时她也发现,成熟的大人喜欢对别人指指点点,她不喜欢这些人,她要逃离。

她常去屠宰场,在那里看人宰羊。那时,三毛只有几岁,她会很专注地看完一只羊被宰杀的全过程,甚至连细节也不放过。望着一个个生命被宰杀,她并不惊讶,也不觉得残忍,而是平静地看着这一切。她若有所思,在思考着什么,有时她会满意地点

| 三毛传 |

流浪是生命的开始

点头，像是懂了。

大人们觉得三毛残忍无情，一个小孩子怎能喜欢血淋淋的东西？可是，她就是这样的姑娘。一个幼童，在意识没有开化以前，并不知对错，也不知死亡意味着什么。生命的意义，生活的意义，人生的意义，不过是后天人们强加在个体身上的。我们看似在思考，在追求着所谓的意义，而这一切也不过是在既定的规则中做着选择。就像工作与理想的选择，难道没有第三种，没有更多的选择吗？在生存与死亡之间，三毛找到了第三种——自由。

三毛幼年极少对人袒露内心世界，即使对父母，她也保持着一定的距离。有一年，全家人在饭桌上吃饭，三毛在院子里玩，父母早已习惯她的特立独行，便随她去了。没多久，院子里传来一阵噼里啪啦的水声，众人不知道发生了什么，急忙跑到院子里查看，只见三毛大头朝下栽进了水缸里。她一只手撑在缸底，大半个身子淹没在水中，求生的欲望让她挣扎着。父母见到此景吓了一跳，急忙把她从水里捞了出来。面对家人的责备，三毛面无表情，一口水从她嘴里吐出来，她轻描淡写地说了一句"感谢耶稣基督"，然后默默地走开了。

三毛的世界是无聊的。她在院子里玩，觉得用手拍打水的声音很好听，为了让水声更大，她决定钻到缸里用脚拍打。谁知，她钻进水里才发现，原来这样做濒临死亡。她在水下挣扎着，直到父母把她救上来，她感谢耶稣的救赎，没有让她死去。

第一章

寂寞,这个世界太吵了

耶稣是她信任的人。在他那里,她不会被指责,更多的时候他一个贴心的聆听者。她有什么心事,都会向耶稣倾诉,只有耶稣把她当成大人。有了这个"知心人",她渐渐变成了一个自我封闭的姑娘,拒绝着外界的一切情感。

她幻想自己是女巫,将笤帚放在胯下享受"飞翔"的幻觉;她骑着木马,变身剑客,要成为一个行侠仗义的人;她是一个被封印了千年的神,知今生来世,是宇宙的主宰……

三毛的精神世界越丰富,责备的声音便越多。对于三毛的父母来说,她的怪异行为不算什么,可对于生活在一起的大伯一家,难免对她不满。他们纠正她的三观,纠正她的行为,如若不接受,便要对她恐吓一番。

正常的孩子,儿时都天真烂漫,模仿故事里的人物,是再正常不过的事。父母一边由孩子自由玩耍,一边教着孩子什么是现实,什么是幻想,孩子渐渐长大,也便懂了故事终究是故事。对于大人来说,对孩子进行教导是责任和义务,可是对于三毛来说,大人的教导只会把她往外推。在她看来,大人不懂她的世界,更不懂她的无聊与寂寞。

从那时起,她喜欢去坟场,去那个安静得只听得见风声的地方。她趴在坟头上玩泥巴,与那些埋在地底下的尸骨对话。她把采来的野花送给他们,总能让那些"灵魂"开心很久。他们不自私、不欺骗,不会指责她;他们喜欢她,她在这里能听到不同的声音。

后来,三毛经常去坟场玩。她在那里静默着,寂寞滋养了她丰富的内心世界,她开始寻找自己的前生今世。冥冥之中,她总觉得自己与坟场有着不可描述的牵连,只是她一直找不到答案。

三毛相信玄神命理,成年后喜欢玩碟仙巫术,试图找回前世的记忆。一直到她临终前,她才找到了"前世"的真相,不过,对于许多人来说,那不过是她的臆想。

命理之说是否为真,各人有各人的看法,各人有各人的缘法,我们没有此种经历,谁也不能替三毛做出判断。不过,那段经历确实让三毛的内心世界更加丰富了。急中生智,定中生慧,静默的三毛虽然在自己的世界里天马行空,不过也让她变得更加有智慧了。

在高速发展、人人逐利的今天,人很难安静下来。但智慧的生发非在静中不可,人们看似越来越聪明,不过是急中生智,与慧相去甚远,而反观远离世俗的隐士,却多了一份恬淡和自若的状态。

静下来,才能在碌碌无为的生活中,倾听内心的声音;静下来,才能找到适合自己的生活信仰,从中获得快乐。三毛选择了流浪,这是她生命开始的地方,是她获得自由的方式。然而,你不一定需要像三毛一样去流浪,你需要的是找到自己生命开始的方式。

适当寂寞,适当调整自己,才能更加清楚人生到底想要什么。

一个人的世界,是书

无论一个人多么超凡脱俗,只要在世间,总归要沾染人间烟火气。纵然是不食人间烟火的小龙女,遇到了爱情,也想与杨过做一对平凡夫妻。

三毛向往一个人的世界,向往安静的世界,但那时她还太小,并没有选择权。没多久,三毛就被送进了幼稚园,开始了读书生涯。

父亲是个读书人,家里一直有专门的书房。在陈家二楼,有一个大人的书房,还有一个专门供儿童阅读的房间。三毛的哥哥姐姐们特别喜欢在书房里玩,之前她并不喜欢来这个地方,自从三毛上了幼稚园后,她常常来书房里找儿童读物。

故事世界,打开了她的另一扇大门,她还没认识多少字,便被一本叫作《三毛流浪记》的书吸引了。这部书的作者是张乐平,书中讲述了一个叫三毛的小男孩流浪街头行乞的故事,描绘了旧

| 三毛传 |

流浪是生命的开始

中国劳动人民的疾苦和不屈不挠的精神。三毛这个人物形象感动了一个时代,是当时家喻户晓的人物形象。

这本书几乎没有文字,全部由漫画组成,三毛读得津津有味。流浪,多么美的一个词;乞讨,又是多么好玩的一个词。从那时起,流浪植入了三毛的内心,直到后来这颗种子发了芽,她竟真的去完成自己的精神世界。当然,"行乞"也成了她另一个精神世界。童年时一次写作文,她便讲述了自己长大后想要当一个拾荒者的愿望。后来,她常常把捡来的垃圾变成艺术品,成了一个地道的"行乞"者。

有了书,她不再做怪异的事,更不再去坟场,大部分时间都待在书房里。遇到不认识的字,她就去问哥哥和姐姐。慢慢地,她读了《三毛从军记》。因为太过喜欢三毛这个人物,二十六年后,她发表文章便给自己取了"三毛"这个名字。只是她从来没有想到,两个三毛一样深入人心,一样家喻户晓。

对于这两本对她影响最深的书,她说:"我非常喜欢这两本书,虽然它的意思可能很深,可是我也可以从浅的地方看它。"

三毛天真烂漫,怀揣一颗赤子之心。她看世界永远是用一种最为纯净美好的角度,即使有人伤害了她,她也愿意笑着原谅。一直到她去世前,她依然那么纯粹,像一个孩子般透明可爱。

除了张乐平的书,她还读了《木偶奇遇记》《格林童话》《爱的教育》《苦儿寻母记》等书。她在书的世界里快乐极了,书里

第一章

寂寞,这个世界太吵了

的人物让她不再感到寂寞,她像寻宝一样与书里的人物做着游戏。

突然间,她不再是那个性情怪异、特立独行的姑娘了。她安静地在书房里读书,家人不再指责她,也不再教她如何做人了,有时候家人还会夸奖她是一个懂事的孩子。她在书中获得了精神和生活两重自由,她陶醉其中,久久不愿从书的世界中抽离出来。

三毛曾说:"我看书,这使我多活几度生命。"

为了看书,三毛小小年纪便主动学习认字。等到上小学时,她已经能独立把课本读完了。当母亲让她把读完的课本再大声朗读一遍时,三毛每次都觉得枯燥无味。她向老师抱怨说:"编书的人为什么不把书编得深一些,把我们小孩子当傻瓜。"

每一个孩子,都觉得自己是大人,可是长大以后,却忘记了自己小时候以为自己是大人。这就像年少时期望自己做一个追梦的少年,等长大以后,又不得不向现实妥协,成为生活的奴隶。越是成长,越是否定年轻时的感受,直到老了才突然明白,只有孩提时代,才算真切地活过,只有年少时的理想,才是一生本该追求的信仰。

世间大多数长者,都愿意鼓励年轻人去追求理想;年轻人却讨厌长者的倚老卖老,等自己成为长者,又开始劝解更年轻的人。几千年来的恶性循环从未停止,大概会永远循环下去。

三毛的姐姐曾征订过《学友》和《东方少年》两本杂志。在相当长时间里,三毛最大的乐趣是读这两本杂志。她对故事很着迷,

| 三毛传 |

流浪是生命的开始

常常忘记自己身在何处。

随着阅读能力的提升,她不再满足于儿童读物,将目光放在了大人的书架上。刚开始,哥哥姐姐们认为她读不懂那些深奥的书籍,希望她"书读百遍,其义自现"。三毛早熟、早慧,小小的年纪,便思索关于生命的问题。对于大人的书,她读得懂。有一次,她读了鲁迅先生写的《风筝》,无比惋惜地对二哥说:"这个孩子的玩耍天性都被他大哥毁了,原本的质朴没有了,只剩下阴影,可能这个孩子的一生都被毁了。"

小小的年纪,讲出一番如此有深意的话,她的二哥吓了一跳。在外人看来,这个小姑娘长大了,事实上,三毛从小便如此。质朴、玩耍,伴随了她一生。她喜欢天然不修饰、简单美好的事物,她喜欢在撒哈拉沙漠里玩耍,用最纯净的心境体验最简单的快乐。她认为,这是她的天性,无论谁想扼杀,她都不会答应。

关于读书,三毛说:"从来没有妄想在书本里求功名,以至于看起书来,更是如鱼得水,'游于艺'是最高的境界,在那儿,我的确得到了想象不出的愉快时光,至于顿悟和启示,那都是混在念书的欢乐里一起来的,没有丝毫强求。"

读书使人明智,使人看尽万水千山,这是一场精神世界里的游山玩水。她爱书,只要是书,谁的都读。她读巴金、老舍、周作人、郁达夫等。另外,外国文学也是她十分喜爱的读物,像《森林中的小屋》《梅河岸上》《草原上的屋》《农夫的孩子》《银湖之滨》

第一章
寂寞，这个世界太吵了

《黄金时代》等。除此之外，伟大的文学著作，像《傲慢与偏见》《基督山伯爵》《飘》《堂·吉诃德》等，更是她喜欢的作品。

三毛在自己的书中写道："望着架上又已逐渐加多的书籍，一丝甜蜜和些微的怅然交错地流过我的全身，而今我仍是爱书，可是也懂得我平凡的生活，是多少年的书本，才化为今日这份领悟和宁静。我的心里，悄悄地有声音在对我说'这就是了，这就是一切了'。"

三毛一生爱读书。后来，她去了撒哈拉，也会拜托家人和朋友为她邮寄书籍。书是她的另一个世界，是她获得安静的另外一种方式。

每个人骨子里，都住着一个三毛或小龙女，灵魂渴望出世，渴望不食人间烟火，可是，现实却又让我们如此地依恋世间的鸟语花香，亲人故友。不知道从什么时候开始，那可爱的灵魂不见了，只剩下一地鸡毛的生活。自由，太过奢侈，我们不过是被现实绑架的鸟，早已忘记了还有一颗飞翔的心。

身体和灵魂，总要有一个在路上。假如不能放飞身体，那么，放飞灵魂也是好的。闲暇时，读一本书，让精神得到慰藉，那可爱的灵魂也就回来了。

其实，它一直在，就像鸟渴望一片天空。不要因为被生活的牢笼囚禁，忘记了你原本就自由。

登船去台湾

人们常说,人生太苦了,你永远不知道明天和意外哪个先来。就算平平淡淡走完一世,仍逃不掉辛苦工作,为家庭操劳的苦命运。其实,人们之所以觉得人生苦,不过是因为他们只记得苦,而忘记了生活里的幸福时光。孩提时代,人们往往会因为一颗糖果而忘记痛苦,脑海中存留的记忆也多是快乐时光,因此,孩子永远快乐比痛苦多。

1948年,时局发生了变动,陈家举家迁到了台湾。三毛记得,他们去台湾时,乘坐的是一条叫作"中兴轮"的船。在那艘游轮上,三毛的母亲晕船,一路上呕吐不止。或许因为恐惧,或许因为伤心过度,吐得全身虚脱的缪进兰躺在那里一动不动,像是死了一般。

小小的三毛极少恐惧,她在船上看着母亲,觉得她一定会好起来。她并不知道,大人们伤心的并不是身体的疾病,而是对于

第一章

寂寞,这个世界太吵了

社会大势的无奈。他们举家逃离,不知何时是归期,这种痛是孩子永远不会理解的。

去台湾前,陈家将金银细软换成了金圆券,希望到台湾以后,这些钱能够安稳度日。但时局不稳,金圆券因为通货膨胀一再贬值,一家人连吃饭都成了问题。陈家把家安在台北建国北路朱厝仑一幢日本式的房子里。当时,那个地方还是一片荒僻的街区,但能有安身之处,已属难得。

初到台北,陈嗣庆无职无业,也不能即刻开一家律师事务所,两家共有八个孩子要养,加上金圆券贬值,他们一家在南京衣食无忧的生活从此画上了句号。这种贫穷的境地,一直到三毛念完小学,才逐渐得到改善。

大人们为了生活奔波,寻找着出路,希望日子一天胜似一天。小小的三毛,没有任何忧愁,初到台湾只觉得来到了新天地,开心地在榻榻米上蹦着跳着。他们天真地以为,离开了南京,一定会有更好的日子到来。

三毛后来回忆初到台湾时的心情,在她的《赤足天使——鞋子的故事》中,写得清清楚楚:

> 到了台湾,大人背井离乡,在离乱的大时代里,丢弃了故乡一切的一切,想要来在他们的内心是感触极深的。可是做孩子的我们,哪懂那些天高地厚的道理,当

| 三毛传 |

流浪是生命的开始

我从中兴轮上下来，进了台北建国北路那幢小小的日式房子，发觉每一个人都要脱鞋才能上榻榻米的地时，简直没将我高兴得发狂，跟着堂哥和姐姐尽情地又叫又跳，又低头着看看自己完全释放的光脚丫，真是自由得心花怒放，又记得为了大家打赤足，堂哥竟乱叫着："解放了！解放了！"

对于孩子来说，光脚就是"解放了"；可对于大人们来说，"解放"却不知道要等上多少光阴。在那时，"解放"是一个极为可怕的政治字眼，孩子们的乱叫，很可能为他们的家庭招来灾祸。大人们听到后，及时制止了他们的狂欢，这让三毛有点儿不知所以。

自由，明明是一件特别简单的事，为什么身上要背负那么多的枷锁？大势已去，这是人们必须去承受的，可更多的时候，人的枷锁却是自己背负上的。就像大人们觉得孩子必须听话，必须好好读书，殊不知，无形中也在扼杀着孩子的天性。

三毛渴望自由，在很小的时候，便为自由欢呼高歌。当大人让孩子们安静下来时，三毛感觉到了无聊。她开始怀念南京自由的生活，读书、去坟场、看宰羊，这是她能选择的。但是在这个荒芜偏僻的地方，她没得选，只能百无聊赖地过着枯燥的生活。

孩子的回忆里，全是美好的事。为了让当下的生活丰富多彩，她经常坐在屋檐下看雨，有时会站在雨中张开嘴，品尝雨水的味道。

第一章
寂寞,这个世界太吵了

她在院子里踩水坑,用雨水和泥巴,玩得不亦乐乎。大自然是她最好的朋友,她总能在自然中找到乐趣。她渴望自然,渴望更广阔的天地,整天被关在这幢房子里,慢慢滋生了她去外面看一看世界的想法。

三毛的生活,不全是幸福,但她一旦感觉苦,便会寻找让自己幸福的方式。后来,她去了撒哈拉,住破旧的房子,没有像样的婚礼,她依然觉得很幸福,甚至开心得想要哭出来。对于她来说,只要灵魂得到了抚慰,生活上的苦根本不算什么。

对于多数人来说,他们一边渴望灵魂的自由,一边用物质绑架自己,以为得到了物质便拥有了幸福。事实上,假如灵魂渴望自由,你却束缚着它去赚取物质,那么,无论你拥有多少金钱依然不会感到开心。

难道,就该放弃物质,全然享受精神生活吗?并不是,毕竟生活本身,就是一个物质世界。

没有谁生活在真空世界里,三毛也一样。但是,世界是相对的,不是绝对的,就像金木水火土,平衡得好才能环环相生。如果将目光只盯着一处,其他部分必然遭受克制,从而打乱整个人生。因此,过于追求物质,容易把自己过成"将来用钱买健康";过于追求平平淡淡,则会活成"碌碌无为"。与其在两个极端中纠结,不如在平平淡淡中努力一点儿,在忙忙碌碌中追求一点儿灵魂的自由。那一点点是平衡生活和事业的良药,是让人生保持稳步向前的策略。当你开始关注自己,关注生活本身,你才能从中获得成长。这与物质世界并不相悖,甚至可以让物质世界变得更好。

拾拾捡捡，那是对自由的向往

小的时候，我们几乎都写过一篇叫作《我的理想》的作文。科学家、医生、作家、警察……是大多数孩子的梦。理想远大的孩子，是父母的骄傲，老师眼中的好学生；理想务实的孩子，让父母欣慰，老师喜欢；而三毛的理想既不远大也不务实——她想当一个拾荒者。

捡垃圾怎么能成为理想呢？在普通人看来，捡垃圾的人无一技之长，因为没有赚钱的能力，才沦落为拾荒者。可是在三毛的眼中，拾荒是天底下最美的职业。

刚到台湾不久，六岁的三毛还不到上学的年龄，缪进兰教子心切，求着老师把三毛送进了学校。她早熟，又读了一些书，在学校里是一个成绩优秀的学生。她的作文，常常被当作范文来读，写作于她，最简单不过了。

| 三毛传 |

流浪是生命的开始

有一次在课堂上,国文老师为学生们布置了作业,让他们写一篇关于理想的作文。三毛拿到作文题目,轻车熟路地写了起来。其实,在她心中,早就有了理想,这个理想让她很向往,是她一生的梦。

等同学都写完了,还没到下课的时间,老师便点名让三毛读一读她的作文。

三毛在作文里写道:

我的志愿——

我有一天长大了,希望做一个拾破烂的人,因为这种职业,不但可以呼吸新鲜的空气,同时又可以大街小巷的游走玩耍,一面工作一面游戏,自由快乐得如同天上的飞鸟。更重要的是,人们常常不知不觉地将许多还可以利用的好东西当作垃圾丢掉,拾破烂的人最愉快的时刻就是将这些蒙尘的好东西再度发掘出来,这……

老师听着三毛朗读,对她的理想大失所望,一个黑板擦丢了过来,打到了坐在三毛旁边的同学。她吓了一跳,不再念自己的作文了。

老师气呼呼地骂三毛乱写,假如将来的理想是捡破烂,那为什么还要念书呢?因为不读书的人,也可以去捡垃圾。为了纠正

第一章

寂寞,这个世界太吵了

三毛的理想,老师让她重新写,希望她的理想能对得起父母,对得起自己念过的书。

很快,一篇新的作文出炉了。这次三毛写的是:

> 我有一天长大了,希望做一个夏天卖冰棒,冬天卖烤红薯的街头小贩,因为这种职业不但可以呼吸新鲜空气,又可以大街小巷的游走玩耍,更重要的是,一面做生意,一面可以顺便看看,沿街的垃圾箱里,有没有被人丢弃的好东西,这……

但老师看完后,却画了一个大大的叉,让她继续再写。

聪明的三毛,知道老师想看的是一篇"远大理想"的文章,并非她的真实想法。为了写出老师满意的文章,她只好胡乱地写:"我长大要做医生,拯救天下万民……"老师看完十分感动,以为自己对三毛的教育起到了作用,他在作文上批了个甲,并对三毛说:"这才是一个有理想,不辜负父母期望的志愿。"

对于大人来说,只要孩子听话,就等于接受了教育。事实上,孩子有自己的主意,他们听话并不是认为大人对,而是拗不过大人,只好暂时委曲求全。三毛并没有改变拾荒者的梦,而是在老师的打击下,越发坚定了自己的信念。老师说,拾荒不需要读书,恰恰相反,没有书的滋养,垃圾只能是垃圾,永远变不成艺术。

| 三毛传 |

流浪是生命的开始

三毛的拾荒梦里,是走街串巷的自由,是对物品的艺术再创造。她的儿童时代,美好的玩具都是不花钱的,都是废物再利用:树叶可以做哨子,破毛笔管可以吹泡泡,石头当棋子,手指头上画画,筷子绑上橡皮筋当手枪……

除此之外,垃圾还意味着创造力。她在文章中说:"我同住的朋友丢掉的旧衣服、毛线,甚至杂志,我都收拢了,夜间谈天说地的时候,这些废物,在我的改装下,变成了布娃娃、围裙、比基尼游泳衣……"

她承认,因为看了一些好书,才让她眼光有了长进。当她发狂般爱上一切木头东西时,更认为是读书产生了化学作用,让她有了"格调"这个东西,同时也学会分辨和体会格调了。

拾荒需要学问,要一眼能分辨出是不是值得改造的物件。每次放学回家的路上,都是她拾荒的好时机。她东张西望地看着路边的废物,慢吞吞地游荡在田间小径,都是为了捡到一个又一个宝藏。

十三岁的时候,三毛看到别人家把锯下来的大树干丢在路边,她细看那枝干,越看越喜欢,于是把它带回了家。三毛把这树干当作艺术品,一直放在她的房间里,爱着它。还有一次,她发现家中女工坐的木头墩,是件被蒙尘了的艺术品,它像极了复活岛上那些竖立着的人脸石像,只不过是木头做的。她将这个木墩当作艺术品抱回了房间,把空心砖头搬给女工来坐,为此,女工十

第一章
寂寞,这个世界太吵了

分生气,觉得三毛有点儿莫名其妙。

她的卧室物品越来越多,简直像一个堆满宝藏的宝库。在她离家前,父母家里堆满了她捡回来的宝贝东西。父母一再向三毛保证,即使搬家,也不会把那些艺术品丢掉。三毛把这些破铜烂铁视为第二生命,就像她的身体里装着灵魂,不可将灵魂丢弃一般。

人们往往喜欢新鲜事物,把大量的金钱用在了购物上。可对于三毛来说,她更喜欢从垃圾场里发掘生活用品。一块腐烂的羊皮,放到锅里煮一煮,便是有艺术气质的坐垫;路边捡拾的瓶瓶罐罐,就是最好的插花瓶;自行车上废弃的旧零件,经过改造,变成了一条独特的项链……三毛说:"拾荒人眼底的垃圾场是一块世界上最美丽的花园。"

三毛的一生,收藏了太多东西。她的每一件心爱之物,都不是奢侈品,更不是收藏家眼中值得收藏的珍品,可是,三毛却唯独喜欢不花钱的东西。她考虑的不是物品的价格,而是快乐的程度。什么使她快乐,什么让她觉得好玩,她就亲近什么。与其说她在拾捡废品,不如说她在拾捡快乐。

在普通人眼中,一生要追求的是远大前程,在三毛的世界里,她一生追寻的不过是快乐和自由。而让她获得自由和快乐的方式,恰恰是拾荒而已。如果她把理想改为"成为一个自由而快乐的人",老师大概不会生气,会夸她的理想是伟大的哲学家吧。

不得不说,从某种意义上来讲,三毛喜欢垃圾源自她想打破

流浪是生命的开始

生活的枷锁,她想把大家认知的事物改变成别的东西。这意味着她在改变对事物的认知,改变人们既定的法则和规律。她开了画室以后,把她心爱的藏品放到了画室里,有些朋友对她的品位赞不绝口,而有些亲戚看了则会说:"哎呀,你的房间是假的嘛!"

这话让三毛泄气,对于某些人,东西不照一般人的规矩用,就成了假的。可是,筷子必须当作筷子吗?木墩只能是木墩吗?毛衣只能当作毛衣吗?……

不是的,三毛打破了原有的认知,寻找着更多的可能。就像她对于生命,也在探索,试图打破人们传统的认知。她拾捡了自己,改造了自己,最后把自己变成了其他的生命。

或者说,是另一种重生。

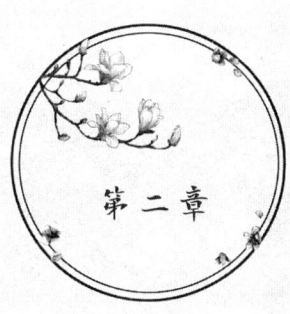

第二章

自闭，他们都病了

原来我也有朋友

三毛从小特立独行，即使父母也很难走进她的内心世界。她表面假装乖乖女，她想做的事实则一样没少干。她是孤独的，所以极少有朋友。她觉得那些看起来正常的人不正常，而那些与众不同的人，反而很容易吸引她的目光。哑巴、酒鬼、乞丐，在三毛看来，他们率真、纯朴，是真正有灵魂的人。更重要的是，他们一样孤独，一样不被人喜爱，她能体会到他们所背负的痛苦。对于这些人，她愿意付出真心，成为他们的知心人。

六岁入学的三毛，比同班的孩子要小，但三毛却不喜欢那些追蝴蝶、捉蛐蛐的同学。自入学以来，三毛没有朋友，也不喜欢枯燥无味的课堂。她向往外面的世界，渴望逃离校园生活。

九岁那年，三毛上小学三年级了。她一踏入校门，仿佛走进了关押犯人的监狱。学生们统一着装，头发一律被剃成了西瓜皮

| 三毛传 |

流浪是生命的开始

般的奇怪发型。随着升学压力变大,学习和考试把孩子们的时间压缩得一点儿不剩。自由惯了的孩子们,反抗着老师的压力,以为这样就能获得自由。只是孩子们并不知道,这里的老师变了,他们用鞭子和体罚制度惩罚着不听话的孩子。

小学经历,并没有给三毛留下好印象,反而在冷酷的教育模式下,她持续地思考着。她记得,班上有一个男生在卷子上答错了几道题,老师说他太笨,无法领会高年级的课程。他被老师叫到讲台上,进行了严酷的鞭刑。老师的鞭子抽下来,男孩已无法站立,他一点点爬回座位,感觉受到了老师的羞辱。

三毛内心虽然叛逆,但还是被老师"杀鸡儆猴"的招式吓住了。她不敢尝试那血肉横飞的体罚,只能继续假装乖乖女。许多年后,她回忆那段经历时,说:"一群几近半盲的瞎子,伸着手在幽暗中摸索,摸一些并不知名的东西。"

在这个窗明几净的教室里,三毛感受到的却是一个黑暗的世界。她不喜欢"监狱",不喜欢学校的规章制度,更不喜欢课本上的知识,她想要逃学,逃到她的"花园"里去。很快又一个夏天结束了,台湾每年十月中旬的"双十节"来了。那时,会有军队来学校借住,这是三毛最快乐的时光。

三毛读四年级时,再次迎来了双十节,她像往常一样去学校上课。那天,三毛做值日生,她需要绕过操场去水房打开水。当她提着水壶经过操场时,并没有穿红色衣服的三毛却遭到了一头

第二章

自闭,他们都病了

疯牛的攻击。

那只发疯的牛,不知道从哪里来的,怒气冲冲地朝她跑来。她提着水壶,大口喘着粗气,丢掉水壶转身就跑,鞋子跑掉也不去管了。疯牛把三毛当成目标,在身后疯狂地追着她。她本想跑到可以躲避灾难的教室,却发现每一间教室都锁上了门!原来里面的孩子怕牛冲进教室,纷纷锁上了门。她绝望了,以为生命会在此刻结束,无助地大哭了起来。

她躲进走廊,闭上眼,认命地等待疯牛攻击,不知道过了多久,她发现头上多了一只大手,正轻轻地抚摸着她。她睁开泪眼,看到一位炊事班的军人正微笑地看着她。他拿着三毛跑丢的鞋和水壶,咿咿呀呀地说着什么,大概是想安慰她"一切都过去了,不要再伤心了"。他把她送进教室,像父亲一样照顾着她,给了她极大的安全感。

这位炊事员是一个哑巴,他心肠善良、纯朴厚实,是一个可爱的男人。从此之后,他成了三毛的朋友。他的世界是无声的,她的世界是孤独的,他们虽然不能完全交流,但三毛却喜欢跟他聊天。

她教目不识丁的哑巴认字,把喜欢的东西跟他分享,有时还会给他一颗话梅。她给他读书,向他倾诉着自己的心事。哑巴听不到她讲话,只懂得静静地陪着她,只要她讲,他就笑着"听"。他不需要明白,三毛需要的也并不是指点她的人,而是一个倾听者、

| 三毛传 |

流浪是生命的开始

陪伴者。

她带他玩跷跷板，两人分别坐在跷跷板的两头，你压一下，我压一下，每次三毛高高弹到半空，脸上就会露出笑容，像是品尝到了世间最美味的糖果。

三毛和哑巴越走越近，他们的友谊最终被老师发现了。老师怕哑巴心怀不轨伤了三毛，严令禁止三毛再与他往来。一想到不听话的学生要承受鞭刑，三毛就不寒而栗。即使哑巴是她唯一的朋友，在老师的威逼恐吓下，她只能与哑巴疏远。

之前，他们总在一起玩耍，是形影不离的好朋友。如今，每次哑巴见到三毛，他刚想打招呼，她就将脸扭过去假装没有看见。她不想看到他眼中的失落，就像她不想被他发现，自己的懦弱。

哑巴经常在远处望着三毛的教室，每次他从教室前面走过时，也会向里张望，试图再多看一眼那个爱笑的姑娘。可是，三毛那时只能低下头，假装写作业，或者读书。

哑巴走远后，三毛回忆他的故事，尽管她相信他是好人，可她没办法向老师解释清楚。

哑巴在参军前，是一个四川乡下的农民。那天，他的老婆生孩子，母亲吩咐他去城里买药。谁知，他在半路上不巧遇见了国民党兵，当场被抓了壮丁。之后，担着东西来到了台湾。

从此，哑巴再也无法回到四川老家，也无法见到年迈的母亲以及他的老婆孩子。海峡两岸的分离，让他的一腔情感不知如何

第二章

自闭,他们都病了

发泄,他喜欢这个小姑娘,像父亲一样爱着她。

深秋之后,驻军就要离开了。三毛从来没有想过,分离会来得这样快。

那天,军人队列整齐,准备出发了,望着即将离开的驻军,三毛再也忍不住冲出了教室,为哑巴送别。哑巴一直疼爱三毛,他将多年珍藏的金戒指送给她,还给了她一张写有他老家地址的纸条。三毛哭了,知道他们此后很难再相见了。可是,人生聚散无常,三毛也很无奈。

最后,哑巴又将一包牛肉干送给她,希望换来小姑娘的微笑。时间紧急,三毛的脸上还来不及露出笑容,哑巴就离开了。

他微笑着,笑得像第一次遇见三毛时一样温暖。哑巴笃定,她会给他写信,他们的友谊会终生不断。令人难过的是,哑巴刚走不久,老师就没收了纸条,并将牛肉干喂了狗,他们之间深厚的情感,就这样被老师无情地切断了。

多年后,三毛回忆起这位哑巴朋友,在她的文章《炊兵》里写道:"那是今生第一次负人的开始,而这件伤心的事情,积压在内心一生,每每想起,总是难以释然,深责自己当时的懦弱,而且悲不自禁。"

这是她人生第一位朋友,因为自己的原因辜负了。她通过写作,讲述这段故事,但哑巴不识字,她与他的友谊终究无法再接续上。她一直自责,终生难以释怀。

| 三毛传 |

流浪是生命的开始

任何事,人生都有第一次:第一次负人,第一次爱,第一次伤心,第一次难过……三毛负了人,经历了悲伤的自责,才懂得了珍惜以后的人生。这是一次成长,也是一次经历,我们都是在犯错、失败中长大的。错了没什么,怕的是一错再错。

不过,通过这件事,三毛也懂了,重要的事或人,都要靠自己去争取,即使万千人阻挡,也不该向他们投降。因为,为了不重要的人失去重要的人,不值得。

长大，多美好啊

在动画片《麦兜我和我妈妈》中，有一天麦兜长大了。长大意味着什么？对于麦兜来说，长大意味着失去，失去童年，失去之前拥有的一切。他甚至残酷地发现，之前妈妈为他所制造的一切，不过是个假象。那假象中，虽然是妈妈对孩子的爱，但成长的旅程，终究伴随着疼痛。

儿时，小姑娘们穿妈妈的高跟鞋，涂妈妈的口红，渴望着长大。但每一个成人，又渴望回到无忧无虑的小时候。人生似乎只有懵懂无知的童年才是最快乐的时光。

对于三毛来说，她渴望长大，长大不仅意味着可以穿漂亮的衣服，还意味着自由。长大了，就不用关在学校里读书了，也不用每天面对枯燥无聊的课本和老师。她的童年，并非懵懂无知，而是智慧得像个大人。相反，她成年以后，却仿佛活成了没长大

流浪是生命的开始

的孩子，天真质朴。假如让三毛重新选择，她依然不愿意回到残酷的童年，那个无法选择命运的自己，真是太可怜了。

四年级后，三毛即将面临初中联考，她的学业越来越重。她每天早晨五点半起来，背着沉重的书包走路去学校，六点十五分左右，便坐在教室里读书了。一天紧张的学习结束，已是晚上十一点了。

回家后的三毛并没闲着，她还要完成一百道算术题。等她做完题目睡去，第二天醒来又开始了新一轮的苦学生活。每天早晨，老师让学生们互相批改前一天的作业，如果谁的分数低于八十六分，就要被竹鞭鞭打胳膊十四下。

老师虽然不会每天打学生，但心情不好的时候，还会命令成绩差的学生走到讲台上，捏他们的眼皮，或者走到被体罚的学生座位前，一手抓住一个同学的脑袋，让他们互相碰撞。学生们害怕老师的体罚，三毛每天更是活得提心吊胆，生怕自己学习成绩下降，成为被老师体罚的对象。

三毛读五年级时，缪进兰看她太过辛苦，私下里给老师送了一些做衣服的布料，这才让三毛免去了被鞭打的危险。即使如此，三毛对老师依然没有多少好感。她晚上向上帝祷告时，常常祈祷老师摔断腿，或学校失火，这样她就不用去学校了，也不用再面对老师。

三毛很讨厌站在讲台上的老师，但下了课，她又会觉得老师是美丽的。每天中午吃完午饭，三毛都会来到操场上一棵大树旁，

第二章
自闭,他们都病了

偷偷地观看老师从她面前走过。老师穿着一件剪裁得体的旗袍,腿上穿着玻璃丝袜,阳光照在丝袜上,隐约地发着亮光,还有那嗒嗒的高跟鞋的声音,都令她着迷。

卷发、旗袍、口红、项链、丝袜……与孩子的世界完全不同,那是一个美丽的女性世界,她渴望长大,渴望像这位老师一样漂亮。三毛曾在作文里写道:

> 想到二十岁是那么的遥远,我猜我是活不到穿丝袜的年纪就要死了,那么漫长的等待,是一个没有尽头的隧道,四周没有东西可以触摸而只是灰色雾气形成的隧道,而我一直踩空,没有地方可以着力,我走不到那个二十岁……

老师看到三毛的作文,认为她价值观不正确。她不得不再写一篇作文来应付老师。别人越是否定三毛的价值观,这样的价值观便越深入她的骨髓。她常常幻想长大后的自己,到底是一个怎样的姑娘,她穿上丝袜,不知道会不会也像老师一样迷人。

三毛上课开始走神,老师看到后,黑板擦便会从天而降。三毛的额头被黑板擦击中,认为自己受到了巨大的屈辱,她从教室里跑出来在操场那棵大树下痛哭。哭了很久之后,她才想起这棵树上曾经吊死过一个校工。三毛突然不哭了,她第一次有了轻生

| 三毛传 |

流浪是生命的开始

的念头。那一年,三毛只有十一岁,认为死亡或许是一种解脱。她不用再面对屈辱,不用再面对繁杂的学业,不用面对整天欺负学生的老师……不过,她还没有活到二十岁,还没有穿上丝袜,又怎么能够死去?

因为对未来还充满幻想,三毛才决定好好地活下来。她回到教室,向老师道歉,算是结束了这件令她难堪的事。

三毛常常想,为什么老师总是心情不好,让她快乐的事难道真的不多吗?她不懂成人的世界,她只懂得自己的不快乐。不过,她的不快乐,从来没有强加到别人身上,而她的老师却总因为自己不良的情绪而惩罚学生。

有一天晚饭后,三毛的同学说,老师正在大礼堂弹风琴,问她要不要过去看。三毛和同学从窗户缝中偷偷看到老师和一位六年级的李老师坐在同一条凳子上,李老师的胳膊挽在老师的腰上,老师一改往常的臭脸,在此刻笑得一脸幸福。

三毛和同学们不知道这是什么意思,正想继续看的时候,不知道谁大叫一声"吊死鬼来了",她们便急匆匆地跑开了。没多久,三毛遇到了爱情,才明白老师当年脾气不好,是因为她被爱情折磨着,只能通过体罚学生来发泄自己的情绪。

学生苦学的日子过得飞快,三毛在这位老师的教育下,考上了台湾最好的中学。父母带着三毛感谢老师的培育之恩时,老师并没有露出恶狠狠的神情,而是十分平和。她摸着三毛的头,将

第二章
自闭,他们都病了

一个扉页上写着"陈平同学,前途光明"的笔记本送给了三毛。

三毛并不是一个爱记仇的人,她很快原谅了这位老师。当她二十岁时,再一次拿出老师送她的笔记本,望着那几个字,她回想起了自己年少时的光景。这位老师在教育上是"恶魔"般的存在,但在做女人方面,却又像一位偶像,三毛庆幸自己活了下来,活到了可以穿丝袜的年纪。

人,一半是魔鬼,一半是天使,老师也有自己的无奈。三毛也没能免俗,一面特立独行,一面又必须向现实妥协。当她不得不去学校,不得不考出好成绩时,她一下子懂得了人身为"魔鬼"那一半的不易。

我们天生不是魔鬼,只是有时候被情绪控制,被生活控制,或被其他事物控制,不得不变成"魔鬼"。我们也不是天使,那些爱,那些善良,那些微笑,也只留给了我们认为值得的人。在现实的世界里,我们都是大人;但在心性的世界里,我们却宛如婴儿。只是,这个婴儿,并不是怀揣一颗赤子之心,而是一个没有长大、不懂得保护自己的孩子。我们被情绪伤害,被生活伤害,被金钱伤害,却还乐此不疲地追求着。

三毛知道,她长大后彻底解放了自己。可惜,红尘滚滚,情缘难尽,爱与恨的胶着终难放下。在世人看来,倘若她少一点儿痴情,少一点儿对爱的牵挂,或许人生会更加圆满。对于三毛来说,又或许,有了爱情才圆满,毕竟,这是她用生命珍藏,让她为此付出生命也在所不惜的东西。

初恋，我不负你

　　青春年少，即使不懂爱情，也会有那种小鹿乱撞的脸红心跳。第一次心动，第一次谈恋爱，它是一种生命的力量，像一朵花突然开了，它来势汹汹，无法阻挡，像洪水猛兽般侵蚀着年少的心。

　　青春懵懂的少男少女们，开始对异性产生好感。那些儿时无所顾忌的玩伴，也因为性别有了距离。异性间，彼此产生好感，但又不捅破窗户纸，在猜忌与爱慕中承受着悲欢喜乐。

　　青春期的成长，多伴着苦涩与懵懂。女生经历初潮往往会吓得不知所措。三毛第一次来月经时，淡定地用棉布垫在内裤上，然后告诉母亲："我已经不再是个小女孩了。"她渴望长大，希望自己尽快成长大人。初潮对于她来说，是一件令人高兴的事。

　　在班上，三毛和六位女同学组成了同盟会，叫"七姐妹"。七个要好的女孩整天谈论班里的男生，还有谁偷偷地看了谁，谁

第二章

自闭，他们都病了

又给谁递了小纸条这些事。在这些女孩们心里，她们早有了倾慕的对象，深夜躺在床上时，常常默想：第三排中间那个男生为什么还没有给我写小纸条，他不是偷偷看了我很多次了吗？

尽管女孩们都有喜欢的男生，可是她们却不敢与男生们"亲密"接触。懵懂的少女们以为女生与男生拉手亲吻后，便会生出孩子来，就会变成不干净的姑娘。她们诚惶诚恐地一起发誓，要洁身自爱，与男生保持距离。然而，爱情种子在女孩们心中早已种下，即使理性上知道不该与男生接触，但在心理上，还是渴望一场浪漫的约会。

有一日，隔壁班的七个男生邀请这七位女孩去看电影，她们爽快地答应了。在青春年少时，有男生给自己写小纸条，邀请自己看电影，都说明自己是一个长得漂亮惹人喜爱的女孩。她们喜不自胜，渴望这场约会浪漫又刺激，最好终生难忘。

那天午后的阳光，给电线杆后面的男生们镀了一层金光，他们在等着女孩们的到来。见她们走过来时，男生们的脸上露出了微笑。为了避免引起猜疑，男生们先买票进场，过了一会儿，女孩们再走进电影院。男生们齐刷刷地坐在第一排，看着无聊的电影，早已心猿意马。坐在第五排的女孩们也没有心思看电影，内心惴惴不安，不知道接下来会发生什么。电影散场后，男生们为了亲近女孩们，请她们吃了仙草冰，之后一起上了公交车。在公交车上，他们假装是陌生人，彼此离得很远，真是此地无银三百两。关于

| 三毛传 |

流浪是生命的开始

这场约会,三毛在书中写道:"下车,我们又互看了一次,眼光交错地在一群人里找自己的对象。那一场拼了命去赴的约会,就在男生和男生喊再见,女生和女生挥手的黄昏里,这么样过去了。"

青春年少,爱情是一个禁忌词。在成人的世界里,过早地谈爱情是一件不道德的事。可是大人们却忘了,自己那时对爱情的渴望。那场三毛拼了命去赴的约会到底是结束了,之后他们再无瓜葛。与其说三毛渴望一场爱情,不如说她想突破禁忌,做一点儿不一样的事。

三毛有一个真正的暗恋对象,她喜欢他,一直称他为"匪兵甲",称自己为"匪兵乙"。六年级毕业生欢送话剧中,三毛和这位男孩共同出演了剧中的人物角色,他演的是匪兵甲,三毛演的是匪兵乙。他们两个人都是群演,匆匆一瞥,她就爱上了他。

几十年后,三毛想起这段爱情,依然能清晰地记得自己是怎样爱上他的:

> 始终没有在排演的时候交谈过一句话——他是一个男生。天天一起蹲着,那种神秘而又朦胧的喜悦却渐渐充满了我的心。总是默数到第十七个数字,布幔外牛伯伯的步子正好踩到跟前,于是便一起拉开大黑布叫喊着厮杀去了。

就是那么爱上了他的,那个匪兵甲的人。

第二章

自闭，他们都病了

自从喜欢上那个男孩，三毛的脑海中全是他的影子。她无时无刻不在思念他，有时从他身边路上，她总是担心自己在他面前露出丑态。下课后，在校园里闲逛，她也会在人群中寻找着他的身影，只要在人群中多看他一眼，她就能高兴一整天。

三毛注意着男孩的目光，渴望从他眼中，看到同她一样炽热的情感。当他们目光相撞，男孩投给了她一个冰冷的眼神，像看一个陌生人，这眼神让三毛十分痛苦。

当三毛和女孩们，偷偷地注视着谁与谁产生情愫时，她内心的情感，也暴露在了别人的眼皮底下。一些淘气的男孩故意起哄，说她对一个外号叫"牛伯伯"的男孩有意思。最开始，三毛并不理会起哄，认为他们不过是无聊罢了。当他们嘲笑她的痴情时，三毛彻底被流言激怒了：

> 我冲上去要跟站在第一个的男生相打，大堆的脸交错着扑上来，错乱中，一双几乎是在受着极大痛苦而又惊惶的眼神传递过来那么快速的一瞬，我的心，因而尖锐甜蜜地痛了起来。突然收住了步子，拾起掉到水田里的书包，低下头默默侧身而过，背着不要脸呀不要脸的喊声开始小跑起来。

在爱情面前，三毛做了逃兵。她没有表白，没有为自己争取

| 三毛传 |

流浪是生命的开始

机会,像失去哑巴的友情一样,失去了自己的爱情。在友谊面前,她输给了懦弱;在爱情面前,她输给了自己。暗恋,是一个人的独角戏,所有的痛苦与思念,都需要自己承受。

三毛不敢肯定这是爱情,她只知道他扰乱了她的芳心。直到有一天,三毛看到匪兵甲被牛伯伯按在地上,"牛伯伯"抓起一把土塞到匪兵甲的嘴里时,她心痛不已。三毛本想去解救他,但最终还是选择了默默跑开。她跑到厕所里哭到呕吐不止,难过得像是自己被打了一样。她确定这是爱情时,无数个夜里向上帝祷告,祈求有朝一日可以做他的妻子,并发誓生不离弃,永不反悔。

所有青春时期的爱情,都会因为毕业而结束。三毛这段爱情,也因毕业画上了句号。他是她的期望,她是他的陌路人,那冰冷的目光已经说明了一切。表白也好,不表白也罢,都不会改变任何结果。

年少时的爱情,重要的不是你侬我侬,也不是在一起,而是把这种情感当成一种体验,它能证明自己曾经青春过,浪漫过,这就够了。情感的全身心投入,比获得结果更重要。她释放了自己,尝到了爱情的滋味,就算没辜负这场兵荒马乱的爱情。

"半盲的瞎子"是病人

叛逆，是青春期的代名词，是"长大了"的感觉。每一个青春期的孩子，都希望别人把他们当成大人，而非孩子。为了证明自己像个大人，他们常常会做出违背本意，在思维上求异的事。虽然青春期的孩子让人头疼，但毕竟只是人生中的一段过程，只要让他们平稳度过，孩子都能健康成长。但是，如果跟孩子反着来，不仅不会让孩子顺从，很可能会毁了他们的一生。

在三毛的青春里，主题一直是黯淡的黑白色。她不喜欢黑白的基调，总是试图在她黯淡的基调中增加几笔靓丽的色彩。她读书、逃学、交朋友、遇见爱情……是这几笔不一样的色彩让她在枯燥的生活里活了下来。原本，她可以一直好好地生活下去，像个普通叛逆的孩子一样，度过青春期后成长为一名优秀的律师、教师，抑或其他出色的人才。可是，她的青春里意外地发生了另外一件事，

流浪是生命的开始

从此,她正常的人生画上了句号,开始了一段长达七年的"自闭"生涯。

三毛小时候成绩名列前茅,十二岁那年,她以优异的成绩考入了台北省立第一女子中学。

从小学到初中,三毛正经历着学业上的重要转变。美术、音乐、英文、历史、国文……每一门新的课程都让她充满了好奇。她喜欢艺术,期待老师在讲台上传授丰富的知识,可这样的期望只是她一厢情愿,当老师把一只苹果摆在学生面前,让学生们自己绘画时,她对这样的课程失望极了。三毛喜欢历史,她在书中读到了不少关于历史人物的故事,原本想深化对历史的了解,但是在历史课上,老师只让他们枯燥地记录考试重点内容,然后再熟练地背诵下来。而上音乐课,老师也不讲授关于音符、乐理等方面的知识,而是让学生们简单地唱歌……

三毛不知道,死板的教学对学生到底有何意义。她渴求的是知识,而不是为了应付考试获得高分数。无聊的课堂,让三毛越来越向往知识的世界,为此她经常去外面租书读。三毛对于文学越是投入,对于数理化就越是爱不起来。初一的课程,她能勉强应付,初二时便为数学担心起来。她的成绩直线下滑,几次小考的成绩,最高只有五十分。在数学老师眼里,三毛是一个低能儿,老师对她只有无尽的冷漠和鄙夷。

三毛无法接受老师的漠视,决定寻找解决问题的方法,赢回

第二章

自闭，他们都病了

自尊。终于，她琢磨出了考高分的窍门：她发现数学老师每次小考时出的题目，都是从课本后面的练习题里选出来的。她只要把这些题目琢磨出来，并将答案背诵，便能应付老师的考试。

她的逻辑运算能力虽然并不优秀，但却有着超强的记忆力，一个晚上常常可以背诵十多道数学题。在三毛的努力之下，连续六次小考，都得了一百分。三毛开心极了，她用聪明的头脑为自己赢回了自尊，甚至决定好好地学习数学。

然而，她并没有开心多久。老师认为她考试作弊，将她带到了办公室，并从抽屉里拿出一张早已准备好的卷子，限时十分钟，让三毛当场解答出来。

那是一张初中三年级的考试试卷。对于三年级的题目，即便是最优秀的学生也未必能拿到满分，更何况靠背诵取胜的三毛。

三毛审着题目，一道题也答不出来，她的小伎俩终于被揭穿了。望着三毛的窘状，老师的脸上逐渐露出胜利的笑容，并决定好好惩治一下大笨蛋三毛：

> 在全班同学面前，这位数学老师，拿着蘸着饱饱墨汁的毛笔，叫我立正，站在她画在地下的粉笔圈里，笑吟吟恶毒无比地说："你爱吃鸭蛋，老师给你两个大鸭蛋。"
>
> 在我的脸上，她用墨汁在我眼眶四周涂了两个大圆饼，因为墨汁太多了，它们流下来，顺着我紧紧抿住的

| 三毛传 |

流浪是生命的开始

嘴唇，渗到嘴巴里去。

画完后，老师让三毛转过身面对全班同学。同学们看到三毛的脸，不禁哄堂大笑，三毛的心在笑声中一片一片地碎掉了。她觉得全世界都在嘲笑她，对她指指点点，她受到了有史以来最大的羞辱。

这还不算，老师命令三毛到教室外面去，在整个大楼的走廊里走上一圈。学生们正在上课，看到顶着"黑眼圈"的三毛，都跑出来看。他们先是惊讶，接着便是大笑，有的甚至笑弯了腰，像是看到一出滑稽的小丑表演。

对于那些学生来说，他们笑完后便会继续上课，大多也不会将这件事放在心上。但对于三毛来讲，却是刻骨铭心的，她的整个人生和世界在这一刻被颠覆了。她忍受着耻辱走完了一圈，她恨自己的懦弱，恨自己不敢违背老师的命令，恨自己如此之"笨"。

回到教室后，一位好心的同学带三毛去洗脸，她将水整捧地泼向自己的脸，不停地泼，不停地洗、搓。她想洗掉耻辱，想洗掉这段记忆，想洗掉那些刺耳的笑声……

可是，任何一个人，都无法回到过去。无论发生多么不愿意面对的事，我们只能去面对。三毛没有哭，也没有去面对，而是将眼泪和面对的勇气"郁结"成了自闭，一点点地摧毁了她的人生。

好强的三毛，不知道那天是如何回到家中的。回家后，她没

第二章
自闭，他们都病了

有把被羞辱的事告诉父母，而是一个人独自承受着。她躺在床上，任泪水泛滥成灾。她拼命地哭，希望泪水可以洗刷掉这一切。那一夜，她不知道哭了多久，只知道时间不会重来。天亮了，又是崭新的一天，可对于她来说，新的一天却无比沉重。

她没有表现出任何异常，像往常一样穿好衣服，吃过早饭去上学。走进学校，她一直低着头，眼睛不敢看任何人，但却感觉到所有人都在注视着她，目光充满了讥讽与嘲笑。当她走进教室，才发现原来学生并没有忘记昨天的一切，她的眼泪顿时模糊了双眼，但还在努力忍受着。如果这个世界上真有女巫、有魔法，该多好啊！她可以封存人们的记忆，甚至让时间倒流，可是没有，什么都没有。

她无法忘记那天发生的一切，每一分第一秒，都在凌迟着她的心灵。终于有一天，她支撑不住了，在踏进教室的那一刻，晕了过去。从那之后，突然昏厥成了常事，只要她回忆起那天的事，就会随时晕倒。

她不再去教室上课，而是一个人默默地走向墓地。她流连于各个墓园，与那些静默的灵魂做伴。"他们"不会嘲笑她，不会投来异样的眼光，"他们"让她放心。她去过六张犁公墓、陈济棠先生墓园、阳明山公墓，以及一些不知名的墓园。坟场是她的信仰，她又一次选择了与她前生今世有关的地方。她在墓园里阅读、看风景，享受着安静的自由。

| 三毛传 |

流浪是生命的开始

三毛喜欢读书,逃课的无聊时光,都给了书。为了买书读,她将午饭的钱省下来,一本接一本地买。她逃学次数越来越多,从一两天慢慢变成连续失踪三四天。学校知道了这件事,将一封公函送到了陈嗣庆手上。

平常家庭的父母,若是听到子女逃学,怕是要打着孩子进学堂。三毛的父母,知道了这件事并没有责备她,而是开明地让她暂时休学。那时,人们都说三毛病了,她得了"自闭症",但在三毛看来,是全世界病了,尤其是那些"半盲的瞎子"们。

她在文章里,将老师称作"半盲的瞎子",她认为他们不是在传播知识,而是把孩子们当成傻瓜。是的,他们把三毛当成笨蛋,当成傻瓜,可三毛不是。这个世界上有许多杀人犯,靠的不是一把刀,而是攻击性的语言、自私自利的态度,以及对弱者的耻笑……

三毛不是病了,而是逃避着"坏人"。为了保护自己,她给自己装上了一道又一道铜墙铁壁。她把自己关在屋里,锁上门,钉上窗户,只为不被"坏人"打扰。她在歌词《轨外》中写:

> 胆小的孩子怕老师
>
> 那么怕
>
> 怕成逃亡的小兵
>
> 锁进都是书的墙壁

第二章

自闭,他们都病了

一定不肯　不肯

拿绿色的制服

跟人比一比

哪家的孩子不上学

只有你自己

自己最了解

啊——

出轨的日子

没年没月没有儿童节

小小的双手

怎么用力

也解不开

是个坏孩子的死结

　　陈嗣庆偷偷带着三毛做了一次智力测试,得到的结果却只有六十多分。测试人员告诉陈嗣庆,这个分数相当于三岁小孩子的智力。任何父母都不会放弃自己的孩子,三毛的父母也没有放弃她,而是对她更加慈爱,用一颗仁爱的心感化着她。即使如此,三毛依然失去了活下去的勇气。

| 三毛传 |

流浪是生命的开始

某个深夜,三毛用刀片划破了手腕,微笑着看血从胳膊里流出来。她要死了,就要获得自由了,她开心极了。那一大摊的血,她一点儿也不觉得恐怖,反而觉得那是开出的新的生命之花。她想到自己去屠宰场看宰羊,她一点儿也不恐怖,反而看得津津有味,原来她在看一个生命重新绽放……想着想着,她的意识渐渐模糊,只听到母亲大叫着她的名字。

三毛清醒过来,看到了挂满泪水的母亲,和一夜苍老的父亲。他们爱着她,每天为她祷告,用最大的能力给了三毛自由……三毛突然发现,原来世界上不全是坏人,还有爱她的父母。

经历了这场自杀,她逐渐明白自己对于父母的意义。她死不起,她死了,父母就完蛋了,她不能让爱她的人失望。靠着父母的爱,三毛决定不管多难都要坚强地活下去。

在这个世界上,能拯救一个人的,是爱。可更多的时候,人们给予弱者的往往是责备与怨气。殊不知,责备与抱怨会将一个人推向死亡。冰冻三尺,非一日之寒;雪崩时,每一片雪花都不承认是自己的责任。我们就这样,被残酷的世界伤着心,一点一点地失去面对的勇气……正因为了解外界的冷漠,所以我们更应该学会爱,多一点儿宽容与理解,说不定会拯救一个人。

我们不要因为曾被伤害,最终变成一个会伤害别人的人。

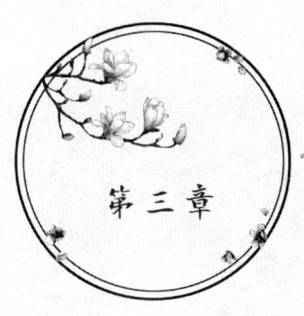

第三章

自信，原来我也有价值

是上帝，打开了一扇窗

上帝关上一扇门，一定会为你打开一扇窗。有时候，无端被上帝困在黑暗里，是为了让你看到从窗子透进来的光。只是，许多人并不理会那透过来的光，只盯着眼前被关上的门，他们抱怨、痛苦、难过，仿佛只有这样，才能在黑暗中解救自己。一条路走不通，抱怨和痛苦永远没办法解决问题，最正确的做法是，停止无效行为，打起精神寻找新的可能。

三毛患上自闭症不得不休学，在普通家长看来，这个孩子毁了，没有了学业，也便没了前途。陈嗣庆和缪进兰也为三毛担心，但他们没时间抱怨和痛苦，只想把三毛从困境中解救出来。三毛休学，他们就亲自担负起教育三毛的责任。每天下午，陈嗣庆会与三毛聊天，一起谈论唐诗宋词、历史知识，或某个作家的生平。陈嗣庆毕业于东吴大学，曾在校任教多年，对教育自然是轻车熟

| 三毛传 |

流浪是生命的开始

路。他知道三毛的性格,枯燥教授知识不会引起她的兴趣,所以用了轻松聊天的方式。三毛尤其记得父亲给她讲述《古文观止》,她听得津津有味,每一篇都能做到背诵。

父亲教授三毛的不是如何解读一本书,而是教她如何读书,如何理解古文,如何对学习产生兴趣。从那时起,三毛读书的兴趣越来越广泛,英文原版书也成为她新的兴趣点,像《李伯大梦》《渴睡乡的故事》《爱丽丝漫游仙境》《灰姑娘》等。一知半解地阅读英文书,让三毛的英文水平直线上升,为她日后出国打下了扎实的基础。

三毛十三岁的时候,越来越不喜欢与外界接触。她要求父亲在卧室安装铁栏杆,还在门上加了一把大大的锁。在这个小天地里,一切是她可以掌控的,她喜欢这种自由的方式。最开始,她会和家人一起吃饭,当上学的姐姐和弟弟们谈论起学校里的事情时,三毛再也不肯在饭桌上吃饭。她让母亲把饭菜端到房间来,彻底与外界隔离。

三毛自闭了整整七年,她在家里阅读,与墙对话,跟家具分享心事,这让她觉得很有趣。大人上班,姐姐弟弟们上学后,她就一个人在院子里玩。她喜欢黑暗,这样就没人能看到她,她可以在黑夜里获得自由。

某个深夜里,三毛再也无法忍受下去的时候,拨打了生命热线电话。她急切地一遍又一遍向主持人重复:"活不下去了,救我、

第三章
自信，原来我也有价值

救我、救我啊！"主持人耐心地劝解着三毛，向她讲述生命的美好。可是，这些大道理在三毛看来毫无用处，有时候她不知道自己该怎么办。

三毛在此时需要的是温暖和爱，可是在旁人看来，这个孩子病了。他们给了她更多的鄙夷、冷漠与嘲笑，如同那残忍的老师般，靠着"聪明"的优越感向她投来异样的目光。

背后的议论、异样的目光、流言蜚语……总会传到三毛耳中。她逐渐知道自己在别人眼中是什么样子，可是，她没有办法改变自己。

她没有用了，是一个废人，是一个人人讨厌的人。她必须把自己锁起来，只有这样才能屏蔽那些声音，除此之外她不知道该怎么办。

为了让自己不再胡思乱想，三毛把时间交给了书。她什么书都读，尤其喜欢哲学。她认为，唯有哲学才是人类智慧的结晶。后来，三毛还喜欢上一个希腊神话，故事讲的是一个叫 Echo 的森林女神因为貌美被天后嫉妒，被贬到下界后，她遇到了一位叫作纳雪瑟斯的美男子，她对他一见钟情。

天后得知此事，决定破坏 Echo 的恋情，她对 Echo 下了魔咒，让她失去了表白爱情的能力。她无法正常讲话，每次只能重复对方说话的最后三个字。即使如此，她依然没有放弃，她跟随在纳雪瑟斯身后，希望他能明白她的心意。

纳雪瑟斯发觉了，问 Echo："谁在这里？"

| 三毛传 |

流浪是生命的开始

"在这里。"Echo 回答。

纳雪瑟斯又说:"不要这样,我宁死也不愿让你占有我。"

"占有我。"Echo 说。Echo 吐出这话,深知自己说错了话,但却再不能更改。她的心情跌到谷底,恨不得从来没有张口说过话。

纳雪瑟斯认为 Echo 是一个轻薄的姑娘,因此更加坚定了自己不爱这个姑娘的念头。他鄙夷地看着她,带着不屑离开了。

报应女神纳米西斯知道这件事情后,明白了 Echo 受到的屈辱,决定惩罚无情的纳雪瑟斯。当纳雪瑟斯在水边欣赏自己的美貌时,纳米西斯便用魔法把他变成了一株水仙。Echo 并没有因为纳雪瑟斯的无情而放弃她的爱情,她一直守着那株水仙久久不愿离去。后来,Echo 成了水仙女神。

三毛被这个故事打动了,她与 Echo 有着相同的命运,她们都曾遭受过屈辱,但最终都选择了原谅与坚强。她把 Echo 当作自己的英文名字,希望自己有一天可以心怀爱与善良,不再被天神封锁内心。她渴望得到心性的释放,像 Echo 那样,她一直在努力着。

给三毛留下印象的,还有一个故事,是芥川龙之介的《河童》。这个故事讲述的是一个叫卡帕的人生在蛙人国,在这个国家每个孩子都有决定是否出生的自由。蛙人国与现实的世界完全相反,他们信奉生活之神,凡是在现实中得不到认可的艺术家们,如尼采、凡·高、瓦格纳等都是这个国家的神。在艺术家的带领下,人们生活得十分幸福,每天都充满了诗意。三毛渴望这样的国家,

第三章

自信，原来我也有价值

希望自己生活在这样的世界里。她是一个被现实排斥的姑娘，又热爱文学和艺术，说不定也能成为那蛙人国的神。

文学和艺术解救了三毛，她变得越来越敢于表达自己了。她不再把自己关在家里，有时也会去海边散步，还会捡几只贝壳，将它们放在耳边闭目聆听。三毛说，她从贝壳中，可以听到上古时代的回忆。

三毛的转变，让陈嗣庆松了一口气，不过也开始为她的前途担心起来。他觉得三毛不能一直浪费青春，应该去做更有意义的事。为了安抚三毛不知该如何安放的灵魂，他决定让三毛学习绘画。

三毛听完父亲的建议眼前一亮，幼年时，她便喜欢那些彩色的画布。她没有想到，自己很快就可以进入那个神秘的世界了，她开心极了，像是找到了生活的乐趣。

陈嗣庆通过关系为三毛找了台湾师范大学艺术系的黄君璧教授，他是一位非常知名的画家，在传统山水画上的造诣很高。陈嗣庆希望三毛在名家的带领下学习中国传统文化，通过内外兼修的方式，最后走出自闭的困扰。

三毛一笔一画地跟着老师临摹，觉得他的上课方式太过单调。不断地临摹古人，显然不适合三毛，她在这样的课程中坚持了两个星期便放弃了。

陈嗣庆知道三毛喜欢绘画，不喜欢的是教学方式，为此，他继续为三毛物色新的老师。机缘巧合下，他认识了一位性格温和的女先生邵幼轩。邵幼轩是绘画行家，蒋经国都高度赞赏她的画作。

流浪是生命的开始

陈嗣庆介绍了三毛的情况后,这位邵老师对三毛的境遇十分同情,愿意帮助三毛重拾信心。她给三毛设置了不同于其他学生的课程,让她自由创作,去画脑海中的一切。当三毛表达不出脑海中的画面时,老师再对她进行技巧上的指点,便是一次很好的提升机会。

这样的授课方式深得三毛的欢心,她靠着画笔释放着自己的心灵。在邵老师看来,三毛十分有灵性,常常夸赞她的画作,并表示将来有一天三毛在绘画上可以做出非凡的成就。这是七年来三毛第一次听到别人夸她,原来她并非一无所长,一无所用,而是有着自己价值,她可以成为画家,像邵老师那样受人爱戴。

一点儿小小的鼓励让三毛重拾信心,她的心灵一下子打开了。她在绘画中忘记了烦恼,忘记了过去,变成一个可爱的精灵。

"良言一句三冬暖,恶语伤人六月寒",一句恶语伤了三毛,差点毁了她的一生;一句良言,彻底挽救了她,让她重拾信心,这就是语言的力量。

人生在世,冷漠多过热情,恶语多过良言,坎坷多过平坦……我们不能改变他人和命运,但可以改变自己。三毛还是那个三毛,因为他人的看法不同,命运也发生了截然不同的变化。无论何时,人都应该肯定自己,做自己的老师。

良师是上帝为三毛打开的一扇窗,照亮了她原本黑暗的世界。其实,光一直都在,只是有时候我们被外界蒙住了眼睛,忘记了它在我们身后,一直照耀着我们。

遇见毕加索

三毛的青春，一直是黑白色。当她遇到绘画，人生才逐渐变得丰富多彩。那一抹又一抹颜色不仅涂在了画布上，还涂抹了她的人生，让她变得开朗起来。在美术的世界里，她用柔软、细腻的线条描绘着自己的内心，用一幅幅图画表达着她的灵魂。

花鸟鱼虫、鸡鸭虾蟹，在邵老师的指导下，三毛的绘画越来越成熟了。国画对于她来说，是一种柔软的、舒适的、排遣生活的方式。只要能安静下来，能抚慰她早已灼伤的心灵，她都认为是好的。

三毛有一个二堂哥，叫陈懋良，寄住在三毛家里。这位二哥喜欢音乐，性格和三毛一样叛逆，就算休学也要在家独自研修音乐。家人劝他去学校上课，他便把学生证撕得粉碎，以此来抗议家人的安排。无奈，家人为他请了教作曲的老师，让他在家学习。

| 三毛传 |

流浪是生命的开始

音乐和绘画是相通的，一个是视觉艺术，一个是听觉艺术，两种艺术为两个孩子带来了思考和交流。三毛经常和二堂哥聊天，他虽然不懂绘画，却总能站在音乐的角度理解画作。

有一天，二堂哥带三毛看了一场毕加索的作品展。当三毛站在那幅长 7.76 米，高 3.49 米，以单纯的黑、白、灰三色来营造暴行造成的低沉悲凉的画作《格尔尼卡》面前时，一下子被这幅画征服了。三毛非常震撼，陶醉不已，她看到了深入她灵魂的作品。她说："爱！就是这样的，就是我想看到的一种生命。"

相同的灵魂，彼此一眼就能认出。她的青春是黑白色，她生命的主旋律一直生活在"暴行"中，无须懂画者向她解释画作的含义，只要看一眼就懂了。因为一幅作品，她疯狂地爱上了毕加索，爱上了这种艺术表现形式。她的心像是被那幅画吸走了，对花鸟鱼虫那水墨和工笔的表现形式再也爱不起来。

三毛喜欢癫狂的色彩运用，喜欢大胆创新的艺术表达方式。在三毛看来，毕加索所有的作品都迸发着生命的张力，那扭曲的造型、几何的块面，是对现实世界最完美的解读。三毛陶醉在毕加索的世界里，她再一次渴望长大，渴望把自己第一次的爱情献给毕加索。对于毕加索的爱，她说：

> 将来长大了，去做毕加索的另外一个女人。急着怕他不能等，急着怕自己长不快。他在法国的那幢古堡被

第三章

自信，原来我也有价值

> 我由图片中看也看烂了，却不知怎么写信去告诉毕加索，在遥远的地方，有一个女孩子急着要长到十八岁，请他留住，不要快死，直到我去献身给他……艺术家眼中的美女，是真美女。毕加索画下的女人，个个深刻，是他看穿了她们的骨肉，才有那种表达。那时候，我觉得自己也美，只有艺术家才懂的一种美。

当一个人急切地想做一件事情时，全世界都会为她让路。三毛想学习西方油画，想去西班牙寻找毕加索，没多久，她的呼唤得到了宇宙的感应，她走入了另一个世界。

在一个平常的日子里，姐姐邀请同学和朋友来家中做客，有一对姐弟，姐姐叫陈缤，弟弟叫陈骥。他们正玩得尽兴时，陈骥趁着大家在兴头上，展示了自己的画作。那是一幅骑兵和印第安人激烈交战的场景。画作中战马和骑士受了伤，帐篷车也被烈火烧毁，场面惨烈又残酷。

在欢乐的氛围中，这张画作没有受到欢迎，很快被冷落，被丢到了一边。三毛在角落里捡起了这幅画，研读着它的风格和含义。它的绘画形式，三毛从来没有见过，画面中的色彩立体又浓重，所表达的思想深得她的喜爱。她知道自己爱上了这种绘画形式，但这与她所受的教育完全不同，她隐约有点儿害怕。她向陈骥打听师承于谁，陈骥告诉三毛，他的老师是顾福生。于是，这个名

流浪是生命的开始

字走进了三毛的生命里。

三毛把想要学习油画的想法告诉了陈嗣庆，想通过父亲的关系找到这位老师。陈嗣庆听完三毛的想法，感到些许不安。他本打算借助传统国画让三毛找到修养身心的方式，如果改为热烈的油画，他很怕三毛再次陷入自闭，与现实世界彻底隔绝。可是，无法满足三毛的愿望，她也很可能会做出叛逆的事。与其纠结，不如让她尝试一下。

陈嗣庆和缪进兰商量过后，找到了顾福生，这位新潮画派的新秀、国民党高级将领顾祝同的后人顾福生成了三毛新的绘画老师。

三毛不喜欢见人，越是认为重要的人，她反而越紧张。当她得知可以跟顾福生学习油画时，紧张得不敢踏出房门上课。她担心自己没有油画功底而出丑，担心自己表现太差被顾老师讨厌，思来想去，时间一分一秒地过去，她错过了上课时间。无奈之下，只能与老师另约见面的日子。

三毛懊恼自己的懦弱，气得把枕芯撕得粉碎。这些年，她为自己的懦弱吃过不少苦，这一次，她必须为自己喜欢的事争取机会。

再次上课时，三毛一个人背着画架，忐忑地敲响了顾老师家的大门。为了心爱的绘画，三毛终于鼓足了勇气。与其说她敲响的是绘画之门，不如说她敲响的是"现实"世界的大门。因为这一点点勇气，她从自闭中彻底走了出来。

三毛在《我的快乐天堂》中记录了见顾老师的场景："多年

第三章

自信,原来我也有价值

过去了,半生流逝之后,才敢讲出:初见恩师的第一次,那份'惊心',是手里提着的一大堆东西都会哗啦啦掉下地的'动魄'。如果,如果人生有什么叫作一见钟情,那一霎间,的确经历过。"

因为毕加索,三毛结识了顾福生,从此打开了另一扇门;因为毕加索,三毛向往着西班牙,以至于多年后,她在那个国度里流浪……

人生在世,许多事看似偶然,却又存在着一定的必然,那无数个偶然组合成为一条线,把三毛引向自由、流浪。若没有流浪,她不会遇到命中的荷西,不会找到自己的前生今世。有些事,从开始便已注定,该遇见的人一个不会少,该走的路一条不会岔。因此,许多事你无须急,又何必要急?你只需努力,剩下的交给时间,它会为你打开一扇门,成就你所有的付出。

一篇发表的稿子

人们常说,造化弄人。确实,有时你想做这件事,老天爷偏偏让你做了别的。我们生活在世间,总是事与愿违,得到的不想要,想要的得不到。人生苦,是因为还有欲望,还有想得到的东西。只是,当愿望与上天所给予的不同时,才产生了痛苦。假如,人们学会珍惜当下,珍惜所拥有的一切,对于不该属于自己的东西学会放下,一定快乐比痛苦多。

三毛喜欢油画,想要走入油画的世界,但事与愿违,她总是无法描绘出心中理想的画面。对于素描,她没有基本功,画出来的样子简直惨不忍睹。连续学习了两个月后,她的作品仍然存在问题,三毛懊恼不已,开始怀疑自己是那位老师口中所说的"笨蛋"。

那天,三毛坐在屋檐前写生,像平常一样做肌肉训练,这只是一个习作,不过她的手与眼前的画面并不统一。她望着画布上

第三章
自信,原来我也有价值

莫名其妙的色彩,把眼前的景色描绘成了别人看不懂的抽象画。当三毛意识到自己越来越怪异后,恨不得将这幅作品撕毁。

原来,喜欢一件事,不是努力就行。三毛热爱油画,但她却在绘画方面没有天分,她笨拙的手永远无法描绘出她心中的蓝图。三毛难过地哭了,再一次掉进那个不自信、自卑的深渊。

三毛的一举一动,顾福生全看在眼里,他知道三毛的脆弱,一直鼓励她,试图培养她的自信心。可是,老师对三毛越是关切,她便越认为自己不争气,给老师丢脸。终于,三毛再也忍不住了,难过地告诉老师,她不是这块料,没有绘画天分,她不能再拖累老师了。说完,三毛低下了头,在内心默默地喊:躲回家去吧!在那把锁的后面,没人看得出我的无能,起码我是安全的。

顾福生听完三毛的话,并没有责备她,而是与她谈起了心。他知道三毛一直喜欢读书,在书的世界里她有着莫大的自信。他把《笔汇》杂志合订本和几本《现代文学》杂志递给她,希望她好好地读一读。

三毛听话地把杂志抱回家,一个人默默地读了起来。这些杂志与她之前读的《红楼梦》《水浒传》《古文观止》等完全不同。杂志里的作品多是存在主义、自然主义、黑色幽默、意识流等文学流派的现代作品。

顾福生早就看出三毛渴望自由,对现实的世界有着不同的理解。这些作品让有着不同思想的作家们充分发挥才华,在杂志中

| 三毛传 |

流浪是生命的开始

获得了莫大的自由。三毛着了迷般疯狂地阅读着杂志,有时甚至会忘记吃饭。此后,她一边与顾老师学习绘画,一边与他探讨关于文学和人生。不经意间,他们的共同语言越来越多,成了无所不谈的好朋友。

在书的世界里,三毛从一个沉默寡言的姑娘,变成了一个滔滔不绝的"小妇人";在文学的世界里,她像一个精灵,自信又闪着异样的光芒。

三毛渴望成为画家,却在文学方面表现出了惊人的天赋。天底下,没有谁是笨蛋,一个人之所以笨,不过是因为做了自己不擅长的事。顾福生鼓励三毛创作,将她的想法写出来。听了老师的话,三毛对文学有了极大的创作欲望,她拿起笔,开始用文字描绘心中的蓝图。

一个人在一个领域付出过努力,日后一定会被看到,而运气不过是先前积累的能量的爆发。三毛先前有着庞大的阅读积累,那些文字滋养了她。如今她创作起来,更是得心应手。

再去上绘画课程时,三毛将写好的散文交给顾福生。顾福生拿到作品,鼓励了三毛几句,便把这篇文章投给了杂志社。

等三毛再来上课时,顾福生轻描淡写地把这件事告诉了三毛:"稿子看了,写得不错,已经给了白先勇,一个月后,《现代文学》刊出。"

突如其来的惊喜,让三毛觉得一点儿也不真实。从小到大,

第三章

自信,原来我也有价值

她都是一个怪胎,是除了父母谁也不喜欢的姑娘。她的世界观在许多人看来,那样怪异,如今竟然能发表文章,这说明她的想法得到了大部分人的认同。三毛在文章里写道:

> 这一句轻描淡写的话如同雷电一般击在我身上,完全麻木了。我一直看着顾福生,一直看着他,说不出一个字,只是突然想哭出来。
> "没有骗我?"轻得几乎听不见的声音了。
> "第一次作品,很难得了,下个月刊出来。"老师没有再说什么,他的淡然,稳住了我几乎泛滥的感触。

1962年12月,三毛的处女作——散文《惑》,在《现代文学》杂志上刊出。三毛没有想到,她在文学上有了成就。虽然当下只发表了一篇文章,但却给了三毛极大的自信,她从此一发不可收拾,正式开启了文学创作生涯。

《惑》顺利发表后,三毛又写了小说《秋恋》,并偷偷地把稿件投给报社,小说再次发表。这一次的成功,三毛并没有靠老师的帮助,而是靠她自己。《秋恋》发表后,读者的反应良好,给了三毛极大的肯定和赞许。在文学上,她从来没输掉过自信。她说:"我有一个很光荣的记录,是从小学开始投稿,到现在还没有被退过稿。"

| 三毛传 |

流浪是生命的开始

之后，三毛发表了《月河》《极乐鸟》《雨季不再来》《一个星期一的早晨》《安东尼，我的安东尼》等数篇作品。三毛早期的作品，被称为"雨季文学时期"，这些文字透露着她在家的苦闷和尚未走出雨季的苦涩。

三毛休学时期，是她人生的雨季，她在雨中孤独、迷茫、抑郁和自闭。她渴望天空放晴，期望自己有着太阳般的光芒。当她遇见文学，终于看到了身后的光，这抹阳光把她的阴霾一扫而光，她彻底走出了湿漉漉的人生。

有些期望不一定能开出希望之花，有时无心插柳反而能绿树成荫。三毛珍惜这来之不易的机会，她在这片天地中不断耕耘，一点儿也不辜负老天的安排。

莫拿自己的短处去比他人的长处，每个人生来不同。人人有短板，这不是你的错，更没必要因此而自卑，我们一路成长，不是为了把短板补齐，而是拔高自己，优化自己，最终让我们释放应有的能量。

再见,最爱的老师

人生中,最难得的是遇到贵人。什么是贵人?有人说,是遇到困难时帮助自己的人;有人说,是能为自己的人生指点迷津的人;还有人说,是自己坚持不下去时,鼓励自己的人……确实,这些人都是我们生命中的贵人,不过,还有一种贵人断然不可忘记,那便是书。

从小到大,我们离不开书,离不开知识,陪伴我们最久和最长的"贵人",一定是书本。遇到了困难,它能为你指点迷津;迷茫了,它能让你坚定方向;痛苦了,它又是一个温暖港湾,抚慰着你的心灵……

帮助三毛走出雨季的贵人,是顾福生。只是,假如三毛没有前期的文学积累,她不过是一个一无所长的姑娘。再好的老师,只能做一个引导者,最重要的是自己肯努力。

流浪是生命的开始

三毛喜欢读书，注定与文学结下不解之缘。三毛在这时也开启了她人生中，身为女人的一面。

当三毛长到十六岁时，由于父母的努力、顾福生的教导，她终于从雨季中走了出来。她的心灵慢慢打开，成了一个正常的姑娘。这时候，她身为女孩的心识也被打开，对美丽有了渴望。

顾福生有四个女儿，她们都生得花容月貌，加上家庭条件优渥，衣着打扮总是炫目多彩。四姐妹中，较大的两个女孩喜欢穿旗袍，在薄凉的丝缎包裹下，纤瘦灵巧的身段让三毛好生羡慕。年龄较小的两位女孩喜欢穿洋装，那些时而简单干练，时而蕾丝点缀的服装，让三毛看得羞愧无比。相比之下，三毛的母亲手缝的裙子太过朴素无华，让她在人群中黯然失色。她这才意识到，原来她是一只丑小鸭，是丑到不能再丑的姑娘。

从小到大，三毛一直与自己的心灵做着斗争，她从来没有想过要打扮自己。当她的心灵恢复平静，才发现原来姑娘们竟如此美丽。她渴望像她们一样，变成一个女人，渴望能穿上丝袜和高跟鞋，自信地走在人群中成为最瞩目的焦点。

三毛向缪进兰提出打扮自己的想法，母亲听完有一种别样的惊喜。这说明，她心爱的女儿彻底走出阴霾，开始关注除心灵以外的事物了。她给三毛买了一双红皮鞋，让她去邂逅属于自己的美丽。

后来，三毛回忆起这双红皮鞋时，仍然感慨万千："我踏着

第三章

自信,原来我也有价值

它向画室走去,心情好得竟想微笑起来,那是我第一双粗跟皮鞋,也是我自己从藏着的世界里甘心情愿迈出来的第一步,直到现在回想起来,好似还在幽暗而寂寞的光线里神秘地散发着温柔的霞光。"

这双小皮鞋,打开了三毛勇于探索外面世界的大门。有时,生活需要一点儿仪式感,它能让我们整装待发,有勇气开始新的生活。

其实,仔细想来,三毛的抑郁不过源自她的不自信,还有她对于别人的责任感。她总把别人的过错强加在自己身上,认为自己拖累了别人。在遇到顾福生之前,她没能力证明自己,而身边的人对她又总是批评多过赞扬,让她的"病情"一步步恶化。

一念天堂,一念地狱,很多时候,是我们亲手把自己送进了地狱。我们无法改变世界的运行规则,唯一能做的就是接受,像那些活得游刃有余的人学习。这并不是"同流合污",而是用出世的心做入世的事。唯有此,才能不被心念侵蚀,不被世界污染。

天下没有不散的宴席,顾福生决定离开台湾去巴黎深造。临走之前,要在家中举办一场告别舞会,他邀请了台湾文学、美术界的名人朋友,当然,他还邀请了三毛。

三毛答应了顾福生的邀请,打算穿上那双给她自信的红皮鞋参加舞会。舞会前,她挑选了一件绿色长裙,腰间扎上缎子腰带,别上一朵绒花,她只觉得自己宛如童话里的公主。她站在镜子前,发现自己原来可以如此美丽,她的嘴角上弯,终于露出了久违的笑容。

| 三毛传 |

流浪是生命的开始

整场舞会,让三毛兴奋不已。她在舞会中跳舞,像熟睡的蛹,终于化作了轻盈的蝶。在顾福生的引荐下,她认识了《现代文学》的主编白先勇先生、女作家陈若曦等人。她的作品,不少圈内的人都读过,得到专业作家的肯定,是三毛万万也没想到的。更重要的是,舞会上的客人夸她是个漂亮姑娘,她让所有人都眼前一亮。十多年来,三毛第一次在众人面前展示自己,她从来没想过自己这个土得掉渣的姑娘,能与名人交上朋友,成为惊鸿一瞥的美人。

舞会结束后,所有人一起把顾福生送上汽轮。看着老师越走越远,三毛觉得身后的大树没了。与顾福生相处的日子里,他是那个为她遮风挡雨的人,是她的良师益友。如今,老师走了,以后她的路谁来指点迷津呢?

久违的孤独感包围了三毛,她不知道明天何去何从。自此之后,她必须一个人面对所有的问题,一个人孤单地走下去。漫漫人生,那么长,那么慢,她感觉自己活不到老了。再见老师,再见青春,再见自闭的三毛,无论前路如何艰难险阻,没有谁能永远陪着她,她必须一个人走完所有的路。

夜风吹乱了三毛的头发,吹着三毛的衣裙,但却没有吹乱三毛的心。顾福生给了她活下去的勇气,那是一股强大的力量,她一点点地使用着。或许那点儿能量终有耗尽的一天,但何必去管呢?活好眼下,就是对生命最大的尊重。

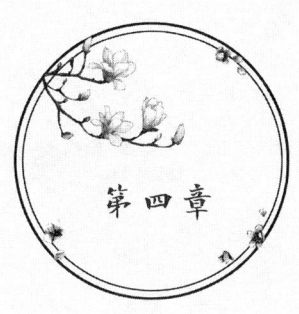

第四章

伤心，拒绝是不够爱吧

少女情怀总是诗

在中国时间哲学中，有"逢七必变"之理。这是一种"时间回圈"，指行事每遇"七"之序数便易起变化。不知道三毛是不是遵循了时间哲学的大道理，总之，她自闭七年后，终于在"变化"之际走出来了。不仅如此，三毛主动求学，主动表白，仿佛脱胎换骨一般，完全变了一个人。不过，有些事终究没变，比如对爱情的渴望，对生命的探索。

自从经历了那场舞会之后，三毛自信渐长，她不再是个阴郁的孩子，终日把自己关在家中，而是开始热衷于交朋友，和有共同兴趣的好友探讨艺术和文学。顾福生把陈秀美（女作家陈若曦）介绍给了三毛，顾福生走后，她们经常往来，成了无话不谈的好朋友。

有一天，三毛与陈秀美像往常一样聊天，突然陈秀美话题一转，

| 三毛传 |

流浪是生命的开始

告诉三毛,台北华冈的文学院已经开办了一年,据说教学质量不错,建议三毛不妨试试做一个选读生。

学校,是三毛永远的痛。当初,她为了避免听到"学校"两个字,把自己关起来,连吃饭都由母亲端进屋。如今,陈秀美要她去学校读书,她沉默了。陈秀美走后,她一个人思考了良久,既然决定重新开始,就必须学会面对自己的软肋。只有战胜它,才能证明自己彻底走了出来。她觉得朋友说得有道理,她失学太久,应该去接触外面的世界,而学校,确实是一个不错的选择。

当天,三毛给该学院的校长张其昀先生写了长达一万字的求学信,那信足有三四页,可见三毛的真诚。她在信中详细地叙述了自己失学和自学的经历,也讲到了自己对于文学和艺术的热爱。她情真意切地恳求校长能同意她入学,她在信的末尾写道:"区区向学之志,请求成全。"

很快,张先生给三毛回了信,希望她尽快去学校报到。见到张校长时,三毛带去了自己曾经发表的作品和画作,张先生看了十分喜欢,建议她选读文学或艺术专业。三毛想了想,最终在申请表上写了哲学系。

三毛说:"之所以选择哲学,是因为想知道人活着是为了什么!"她活了这么多年,人生故事早已胜过许多人几辈子,然而,她却不明白活着的意义。她想通过哲学,找到人生的意义,找到活着的答案。

第四章

伤心，拒绝是不够爱吧

大学期间，三毛一边修习哲学，一边疯狂地阅读。她找回自信后，成了一个好胜心极强的姑娘，凡事都要做第一，事事都要比别人见识多。在班里的同学中，如果谁读过她没看过的书，三毛必会千方百计地找来，下功夫狠劲地读上一读。下次与学生谈论的时候，她就成了"有料"的人。当时，与她争论最激烈的是许家石，不过没多久，三毛就意识到辩论没有任何意义，懂你的人，即使不说话也会懂；不懂你的人，即使说上千言万语，依然如对牛弹琴。十年后，三毛的同学周肇南回忆起大学时的三毛，说："她在我们几个黄毛丫头中间，显得非常特殊。外形是刘海儿覆在前额，发梢勾向脸庞，她开口能讲日文、英文，提笔能画国画、西画，就是她那斜上右上角好像插翅膀能飞的字体，也是自成一格。初入大学的男女生，大家都会为赋新词强说愁。尤其在哲学系，什么加缪、柏拉图，说起来每人都有一套。三毛总是静静地在听，淡淡地在笑，不同意别人的话她就怔怔地盯着他瞧。其实她面壁七年的苦读，思想见地都比我们成熟得多。知道她有内涵的人，都不敢在她面前多开口。喜欢滔滔不绝的人，她也不忍当面拆台。在这种和谐的气氛下，大家相处得很愉快。"

心情逐渐好转的三毛学会了怎样与同学相处。那时，她在学校里，已是一个小有名气的作家，平常发表作品，总能有不菲的稿费收入，她是学校里相对富裕的女孩。为了维持与同学的友谊，她常常请同学们喝酒。

| 三毛传 |

流浪是生命的开始

在酒香四溢的迷醉中,女孩们倾吐着彼此的心事。不知不觉,一个男生的名字常常出现在这些女孩们的嘴里。三毛记住了这个名字——梁光明,他是戏剧系二年级的学生。当时,梁光明也是一个小有名气的作家,笔名叫舒凡。他在入学前当过兵,大学二年级时,已经出版了两本作品集。

优秀的男子没有哪位姑娘不喜欢,三毛看过他的诗集,承认他的才华远超于自己。她爱上了他,他走到哪里,三毛就跟到哪里。梁光明去上课时,三毛放弃自己的课程,跟在他的身后,去做戏剧课的旁听生。

梁光明有众多追求者,三毛不过是其中一个。她的世界里,只有他;而他的世界里,从来没有注意过三毛的身影。三毛将全部的爱恋都给了梁光明,在爱情面前,她依然是胆怯的。她知道他不喜欢她,可她却忍不住地想要多看他一眼。有时,梁光明下课已经很晚了,学校的食堂早已关门,他只好去附近的小餐馆吃碗面。这时,三毛也会偷偷地跟进来,在他附近的桌子旁边坐下,并摆上一副碗筷,像是与他有了一场独一无二的约会。

三毛想吸引他的目光,让他注意到她。可是,他却像个木头人一样,对她的追求毫不知晓。三毛在爱情里,一下子没了自信,她有点儿沮丧,恨自己如此不起眼。不过,她又隐约察觉到,他是一个在文学和戏剧上有才华,只是在感情上反应迟钝的人。

三毛在心里策划着什么,这一次她不能轻易让爱情从指尖溜

第四章

伤心,拒绝是不够爱吧

走。就算她的爱情没有结果,至少要为自己争取一次机会。她的人生,收获了文学和艺术的果实,而她的爱情果实,也不该缺席。

勇敢地去表白

三毛在读大学以前,曾经有过两次疯狂的单恋,一次是匪兵甲,还有一次是毕加索。如同所有的少女一样,她对爱情充满着美好的幻想。之前,她是一个懵懂无知的小姑娘,如今她已经十九岁了,到了追求爱情的年纪。

三毛爱上了梁光明,有三四个月的时间,她一直跟着他,像他的影子一般。那时,梁光明身边追求者无数,他不过把她当成了一个普通的追求者而已。后来,他渐渐对这个姑娘有了印象,只是,他不知道她对他的爱能坚持多久。

慢慢地,三毛的心事被同学们发现了。试想,一个姑娘整天跟在一个男子身后,她怪异的举动,想不被发现都很难。照以往,三毛一定觉得自己丢尽了脸,做了某种不好的事。可是,现在的三毛不同了,她不在乎别人如何看她,她只想拥有属于她梦中的

第四章

伤心，拒绝是不够爱吧

白马王子。

三毛相信命运，既然茫茫人海中他们能够相遇，就一定有着妙不可言的缘分。最开始，她整日借酒浇愁，不知如何是好。后来，她终于按捺不住心中的急躁，决定对心爱的人勇敢地表白。

那天，三毛一个人走在空旷的操场上，边走边筹划着表白的事。本来，她想安排好时间和地点再去表白，没想到她忽然发现，操场另外一边有一个熟悉的身影。她仔细辨认，发现那个身影就是梁光明。

他在看她，她的呼吸局促成一团，心也开始猛烈地跳动。三毛知道，此时不表白，将错过最好的时机，既然老天给她机会，她为何不争取呢？

于是，三毛勇敢地走到梁光明面前，怀着忐忑的心情，将他衬衫里的钢笔拔出来，又十分大胆地摊开梁光明的手，在他的手心写下了自己家的电话号码。

她低着头，小声地说："打给我。"不待梁光明反应过来，她早已消失在夜色中。

三毛做到了，她终于不再是那个懦弱、只懂退缩的姑娘。他怎样看她呢？不知廉耻的姑娘？勇敢潇洒的姑娘？抑或是，害羞的姑娘……无论何种结果，三毛都只能接受。

她以为，她只需让他明白心意，可表白以后，三毛却发现，自己如此害怕遭到拒绝。她没办法承受打击，也害怕做了丢脸的事，

| 三毛传 |

流浪是生命的开始

她再次把自己关在房间里,任谁叫也不出来。

缪进兰知道三毛恋爱了,她是过来人,懂三毛的痛苦和羞涩。不仅三毛,世间哪个女子表白后能不内心悸动、焦灼不安呢?母亲与三毛促膝长谈了一夜,一点点地建立着她的自信。其实,被拒绝没什么,这并不能说明你不好,只能说明你们不合适。在对的人眼里,每个姑娘都是西施,然而,在不对的人眼里,再美的女人也不过是一堆白骨。

三毛慢慢地从焦灼不安的心境中走出来,她终于鼓起勇气,决定把爱情的命运交给老天时,一直所期盼的电话铃声响了起来。

"我们晚上去台北车站看电影好吗?"梁光明在电话那头说。

三毛紧紧地握着电话,不敢相信自己成功了。她听到梁光明的邀约,兴奋得差点儿哭出来。

回忆起这段初恋,三毛写过一首叫作《七点钟》的歌词,诉说了她当时焦灼不安的心境:

> 今生就是那么地开始的
> 走过操场的青草地
> 走到你的面前
> 不能说一句话
> 拿起钢笔 在你的掌心写下七个数字
> 点一个头 然后

第四章

伤心,拒绝是不够爱吧

狂奔而去

守住电话 就守住度日如年的狂盼
铃声响的时候 自己的声音 那么急迫
是我是我是我
是我是我是我
七点钟你说七点钟
好好好 我一定早点到

啊 明明站在你的面前
还是害怕这是一场梦

是真是幻是梦 是真是幻是梦
车厢里面对面坐着
你的眼底
一个惊慌少女的倒影

火车一直往前去啊
我不愿意下车

不管它要带我到什么地方

| 三毛传 |

流浪是生命的开始

> 我的车站
> 在你身旁
> 就在你的身旁
> 是我
> 在你的身旁

在车站,三毛开始了人生第一次真正的约会,她的单恋有了结果,她的爱情结下了第一颗果实。在曾经许多次单恋中,一切只是她一个人的梦,如今与梁光明的爱情,则多了现实的成分。年轻的三毛不懂爱,她发自内心地对他好,爱着他。她的性格中多是耿直,可是为了爱情,她愿意改变自己的性格。

三毛的爱越是大胆热烈,梁光明就越小心翼翼。他们都是文学界的天才,骨子里有着与众不同的独特价值观。如同三毛追求他时,他在爱中高高在上,端着高傲的架子,渴望三毛的仰视与倾慕。很难说,梁光明真的爱过三毛,或许他对她的爱出于好奇,这到底是一位怎样的奇女子呢?

他们一起携手走在校园的各个角落,即使下雨天,在恋爱的人眼里,也充满了浪漫的色彩。他们一起谈论文学和戏剧,也谈论哲学和人生的意义。

沉醉在爱情中的三毛,这段时期的作品充满了浪漫气息,读起来有一股温流从心底流淌出来。那份淡雅与宁静,在她早期作

第四章
伤心,拒绝是不够爱吧

品中几乎不存在。

　　三毛的雨季结束了,她告别了雨季文学风格,开始了对自由和洒脱的向往。她积极、开朗,热爱世间的一花一草。之前,她看世界,是灰暗的,如今却是明亮的黄色。不得不说,爱情的力量是伟大的,纵然现实残酷无情,在爱情的世界里依旧是快乐天堂。爱来了,勇敢地追求便是,不试试怎么知道结果?就算结果是一场一个人的战争,终究比错过好。

如果爱，请给我婚姻

当爱情来临时，人们的智商清零，只懂得付出，哪懂得回报？相反，步入婚姻殿堂以后，人们意识开始清醒，每个人都渴望在婚姻里得到最多。其实，爱情也一样，过了激情的热恋以后，相爱的两个人逐渐冷却下来，这时，彼此便要放在天平上各自称一称，谁更爱谁多一点儿了。

三毛的爱情来得热烈，来得纯粹又美好。在爱情里，她依旧是那个甘愿付出的姑娘，可梁光明却和单身时一样，追求者仍然数不过来。经过两年的恋爱，梁光明马上面临毕业，三毛有点儿恐慌了，她很怕这位才华横溢的男子走向社会后，变成一个人见人爱的花花公子。三毛第一次有了占有欲，她希望梁光明能给她一个婚姻的保证。只要他们步入婚姻，她的爱情就能开花结果。

梁光明是一个骄傲的男子，毕业后正是他事业的上升期，他

第四章

伤心，拒绝是不够爱吧

怎么肯为一个姑娘放弃远大抱负，背负起养家的责任呢？他坦诚地向三毛解释，他需要事业，而不是婚姻，只要她给他时间，他们早晚能修成正果。

一个人爱另外一个人，一定愿意为他付出所有。梁光明在此时不愿意给三毛一个婚姻，只能说明他对三毛还是不够爱。他们可能是对的人，但却在错的时间遇见了彼此，终究变成了一场遗憾。

三毛不愿意相信他不够爱她。为了证明他的爱，三毛给了梁光明两个选择：要么与她出国留学，要么与她结婚。她逼着他尽快做出决定，如果爱，就好好珍惜；如果不爱，就放过彼此。

三毛说得坦然潇洒，其实心里难过成一团。她当然希望梁光明跟她结婚，或者远赴异国他乡，这都是爱的象征。可是，梁光明却做出了第三种选择，他向她提出了分手。

三毛这般决绝，他怕了。他没办法面对这样炽热的爱，他对三毛的爱产生了动摇。三毛不答应分手，期望与他一起远走高飞。可是，在梁光明看来，三毛有点儿无理取闹，这样的姑娘，将来又如何与他走向婚姻呢？

相爱的时候，恋人的缺点也是优点，如今不爱了，三毛的耿直与任性，变成了无理取闹。三毛哭了，梁光明也哭了，只要梁光明多说一句挽留的话，三毛一定愿意为他放弃所有。哪怕说一句，"给我十年的时间"。

在爱情面前，三毛等得起。可是，他没有挽留，在雨中，他

| 三毛传 |

流浪是生命的开始

勇往直前，再也没有回头。他分手的勇气，像极了三毛表白时那样。原来，勇气可以选择爱一个人，也可以选择放弃一个人。

台北，从此成了三毛的伤心之地。

出国本是威胁梁光明与自己结婚的，如今，三毛彻底想离开了。陈嗣庆劝她不要任性，失恋乃人生中最常见不过的事，何必为了一段爱情而放弃当下的生活。不，三毛要离开，她承受不起这样的失败，更没办法与那个男人生活在同一座城市。她在歌词中写：

> 我不怕等待
>
> 你始终不说的答案
>
> 但是
>
> 行李理了 箱子扣了
>
> 要走了
>
> 这是最后一夜了
>
> 面对面
>
> 坐着没有终站的火车
>
> 明天要飞去
>
> 飞去
>
> 没有你的地方

第四章
伤心,拒绝是不够爱吧

钥匙在你紧锁的心里

左手的机票 右手的护照

是个谜

一个不想去解开

不想去解开的谜

前程也许在遥远的地方

离别也许不会在机场

只要你

说出一个未来

我会是你的

这一切都可以放弃

梁光明转身走了,但这不是最后的诀别,至少还有机场,假如他决定挽留。不过,正如三毛所写,离别也许不会在机场,她早已断定他不会来。

在机场,三毛几乎后悔自己的任性,如果她留了下来,说不定委曲求全还能追回他的人。可是,追回了人又怎样,他终究是决定不爱了。话说出口,覆水难收,三毛逼着自己踏上新的旅程。

1967年,三毛在台北机场与父母告别,远赴西班牙马德里。

因为爱情,三毛选择了流浪。从此,山高水远,愿君冷暖自知,

流浪是生命的开始

我们只能江湖再见。

在这场爱情中,三毛还是失败了。与上一次学业上的失败不同,那时她选择把自己封闭起来,这一次失败,她选择远走他乡。

终究是成长了,流浪,会让她找到更多生命的意义。

毕加索,我来了

爱情似一团火,燃烧别人的同时,亦会燃尽自己。它能爱人,亦能伤人,至于是被爱还是被伤,完全在于玩火之人的技巧。初恋,就像第一次玩火,在获得温暖的同时,往往也会被灼得遍体鳞伤。三毛没有技巧,只懂得全身心付出,最终,她伤了自己。

三毛失恋后,来了一场说走就走的旅行。只是,这场旅行时间很长,长到她要疗完所有的伤。不知归期,她也不知道何时才能回来。

她去了西班牙,一个陌生到连语言也不通的国度。不过,她一直记得,西班牙是毕加索的故乡,是三毛梦中的第二个故乡。

自十三岁迷恋上毕加索后,她便畅想着有一天可以嫁给一个西班牙人。无数个梦中,她都住在西班牙的田园里,她有毛驴,有大片庄园和葡萄园,还有当地的居民唱着牧歌从她家门前走过。

| 三毛传 |

流浪是生命的开始

三毛在西班牙马德里大学文哲系学院继续修习哲学。初到时，陈嗣庆的好友去接机，把三毛送到了学校。三毛住在女生宿舍，与其他三个当地女孩住在一起。到了异乡，三毛再次变成乖乖女，学习着与舍友和平共处。

陌生的语言、学业的压力、新的环境要适应……三毛每天都忙得不可开交，忙完一天她什么也不想倒头就睡。一开始，她后悔来西班牙，毕竟这是一个太陌生的国度，一切都要重新开始。可现在她发现，因为陌生，她要学习的东西太多，因此才没时间去回忆那个伤她的男人。是的，她只有忙碌起来才可以不想他。

西班牙是一个热情和奔放的国度，那里的少年不似中国男子般含蓄内敛，他们开放，勇于表达自己的爱情，在爱里不需要对方来承担责任。只要爱，哪怕下一秒不爱，两人都不会再纠缠。三毛的骨子里渴望自由，不喜欢拘束，可是爱了，就会想要一个完美的结果。

来到西班牙，她学会了释放自己的天性，她去参加音乐会、舞会，听轻歌剧，坐咖啡馆，尽可能地释放着自己。她用微笑回应着那些男人，但从来不肯付出真心。在那样的环境里，她吸烟成瘾，喜欢上了烟雾缭绕的氛围。

西班牙，是三毛忘记烦恼的天堂，是爱的天堂。她在这里探索着毕加索的新奇世界，感受着毕加索的大胆，她不得不承认，环境对于艺术家的影响。假如毕加索生活在中国，他笔下的作品

第四章

伤心,拒绝是不够爱吧

一定是另外一种风情。

在国外,少了父母的照顾,一切都要自己来。她学会了整理房间,打理内务,生活费没有及时寄来时,她学会从邻居家借免费的开水和面包。有一次,三毛牙痛无钱医治,只能说尽好话,哄得医生为她打麻药。

不靠任何人解决自己的问题,是三毛想要的自由。不过,所有的自由都要付出代价,她必须学会一个人面对所有的苦难。慢慢地,宿舍里整理内务、打扫卫生的工作落到了三毛一个人头上,她们欺负着这个中国来的小姑娘。可是又能怎么办?父母告诉她,出门要忍耐,异国他乡没有任何亲人,也没有帮助自己出头的人,谦卑做人终究是安全的。

面对不公平,三毛只能委屈地想:"我一再地思想,为什么凡事要退让?因为我们是中国人。为什么我要助人?因为那是美德。为什么我不抗议?因为我有修养。为什么我偏偏要做那么多事?因为我能干。为什么我不生气?因为我不是在家里。我自认为没有做错什么,可是我完全丧失了自信。一个完美的中国人,在一群欺善怕恶的洋鬼子里,是行不太通的。"

之前,三毛一直向往这个国度,因为这里有毕加索。现在她才明白,为什么毕加索的画那样震撼人心,因为他在批判这个国度的现实。毕加索和三毛有一个共同点,就是透过表象看世界,人性的善与恶在他们面前一览无余。

| 三毛传 |

流浪是生命的开始

每个人,都想做一个聪慧的人,可是没人知道得到了聪慧,从某种角度说,意味着痛苦。所以佛说,人生皆苦。可是反过来说,放下便得到了极乐。放下伤害自己的人,放下社会的游戏规则,就能得到快乐。就像三毛来到马德里,慢慢地放下了伤害她的梁光明,她在这段爱里得到了解脱。

放下爱,爱便再不能伤她。只是,放下何其难,三毛放不下荷西,世人放不下物质,于是,一次次陷自己于水火之中。

明知是火坑,却还是义无反顾、甘心情愿地跳了下去。就像飞蛾喜欢扑火,世人笑它傻,可谁又能知,我们与飞蛾一般,也身在局中呢?

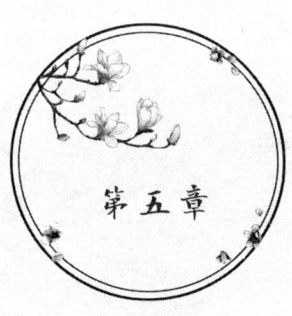

第五章

漂泊，无处安放的灵魂

人是无根的树

中国是一个礼仪之邦,懂做人,知谦逊,在国外友人面前,更是会小心谨慎,生怕自己出错。这样的谦逊,在有些人看来是道德修养,可是,在另外一部分人眼里,则成了好欺负的象征。因为你做事知大体,他们便一味地触及你的底线,直到你忍无可忍还回去的时候,才发现原来那些人不过是纸老虎。

有句话叫:"光脚不怕穿鞋的。"人人惜命爱命,当你豁出去的时候,才发现原来人人怕死。三毛生活在马德里,只想安安静静地做个普通姑娘,谁知宿舍里的姑娘们一再欺负她。她们经常穿着大胆,晚上去与男性约会。三毛虽然也出去喝酒,但并没有开放到如此程度,只是别人的事,三毛也懒得管。

她们不在,三毛就默默地打扫卫生,做自己该做的一切。对于这些,她觉得没什么,不过是辛苦一些。可是,谁也没想到,

| 三毛传 |

流浪是生命的开始

她们竟然学会了冤枉她。

一个寒冷的冬夜,她们出去偷喝了用来做弥撒的甜酒,没了酒,弥撒就做不成,学校早晚要彻查此事。为了推卸责任,她们又给院长报了信,院长突然闯进宿舍,对三毛狂吼,质问她为什么要引诱她们去喝酒,还问三毛为什么把避孕药卖给这些女孩。

面对莫名的指责,三毛压在心底的怒气彻底爆发了。她无法用"美德"替她们承担罪名,气呼呼地拿起笤帚对着几个女孩和院长一通乱打。在慌乱中,三毛狠狠地踢了院长,谁上前阻止,她就打谁。

三毛好似一匹脱缰的野马,什么也不管了。她不怕被学校开除,不怕被院长责骂,什么也不怕了。她必须证明,她也是有底线的人,她这位中国姑娘,一点儿也不好欺负。后来,她在文章里写到这一幕,仍然难掩愤怒:

> 我在这个宿舍里,一向做着最合作的一分子,也是最受气的一分子,今天被院长这么一冤枉,多少委屈和愤怒一下子像火山似的爆发出来。我尖叫着沙哑地哭了出来,那时我没有处世的经验,完全不知如何下台。我冲出房间去,跑到走廊上看到扫把,拉住了扫把又冲回房间,对着那一群同学,举起扫把来开始如雨点似的打下去。我又叫又打,拼了必死的决心在发泄我平日忍在心里的怒火。

第五章

漂泊,无处安放的灵魂

整个宿舍的人被三毛打跑后,望着宿舍里一片狼藉的场面,三毛体会到了释放的快感。之前她胆小怕事,能忍则忍,当她拼死也要发泄自己的怒火时,才突然发现,如果当年可以像今天这样勇敢,也不会患上自闭症。

这一次的莽撞,是她人生新的开始。但这并不表示,三毛从此变成了欺软怕硬的人。她依然是那个善良温暖、谦卑有礼的姑娘,只是她不会再忍受冤枉与误解。

此后,三毛在宿舍里彻底变了样,那些女孩们开始把她当成女王一样侍奉。她们准时倒垃圾,为三毛铺床,地面也打扫得干干净净。起初,三毛还怕她们"复仇",结果发现她们开始拍自己的马屁——她早上不想起床,就会有人为她送早饭,为她梳妆打扮;下雨天时,还会主动把伞借给三毛。

三毛说:"我不再想父母叮咛我的话,但愿在不是自己的国度里,化作一只弄风白额大虎,变成跳涧金睛猛兽,在洋鬼子的不识相的西风里,做一个真正黄帝的子孙。"

三毛找到了一种平衡,既不欺人,也不被人欺。当别人不识相时,她便要变作白额大虎,与他们争斗一番。而那些伤自己的人,一旦意识到错误,她也会选择原谅。

三毛自大闹宿舍以来,和院长的关系一直很僵硬,谁也没有道歉。有一天,三毛在图书馆看书,院长走过来,对三毛说:"等你看完书可以来我房间一下吗?"

| 三毛传 |

流浪是生命的开始

三毛合上书,跟院长一起去了她的房间。三毛以为,自己要完蛋了,院长终于要"报复"她了,不过她并不怕。当她决定爆发战争时,就已经准备好要面对最坏的局面。

三毛认命地听从学校的安排,只等院长发话。不过,院长却轻声地说:"以你的行为本该被开除,可是我不想闹到那个地步,我们今天就和平解决这件事吧。"

三毛被误解,本就委屈,她为自己辩解:"卖避孕药的不是我。"

院长质问三毛:"打人的总是你吧?"

三毛不准备道歉:"是你先冤枉我的。"

一个人,若不是受了巨大的委屈,也不会在那一刻做出超常的举动。

"我知道是我冤枉了你,但你可以解释啊,用不着发那么大的脾气吧!"

三毛没有说话,静静地看着院长,然后,端起酒杯,喝完了杯里的酒。

"和平了?"院长问她。

"和平了。"三毛大度地说。

三毛到底是中国人,保持着一贯的大度做派。不管她走到哪里,都没办法改变她的根。什么是根?就是文化对于一个人的影响。

道家大师张三丰说:树是有根的人,人是无根的树。守住自己的心,也就守住了自己的根。忘记是哪位名人说,只有中国人

第五章

漂泊，无处安放的灵魂

有游子的心，他们不管走到世界哪一个角落，永远想要落叶归根。

当年，费翔一曲《故乡的云》唱哭了多少游子，又有多少游子，四海漂泊最终要回到祖国的怀抱：

> 天边飘过故乡的云
>
> 它不停地向我召唤
>
> 当身边的微风轻轻吹起
>
> 有个声音在对我呼唤
>
> 归来吧，归来哟，浪迹天涯的游子
>
> 归来吧，归来哟，我已厌倦漂泊
>
> ……
>
> 我已是满怀疲惫，眼里是酸楚的泪
>
> 那故乡的风和故乡的云，为我抹去创痕
>
> 我曾经豪情万丈，归来却空空的行囊
>
> 那故乡的风和故乡的云，为我抹去创伤
>
> ……

三毛曾经豪情万丈决定流浪，归来时只剩下一地哀伤。那时，荷西去世，她什么都没有了。她回到了祖国的怀抱，走遍祖国大地，甚至决定埋骨于莫高窟。家是什么地方？是不管在外面经受了多少风雨，最终都会收容你的地方；家是无论漂泊多久，最终都要

| 三毛传 |

流浪是生命的开始

回来的地方;家是流浪的游子,最后的旅程……

初识荷西

有时,人不得不感叹命运的奇妙。不知道多少人,曾经做过关于前世的梦。有人说,自己的前世是一位民国女子,每当她走入老宅,便觉得似曾相识;有人认为,自己曾经生活在汉朝,对那个久远的朝代有着特殊的情感。而三毛,一直喜欢毕加索,因毕加索而梦想嫁给一位西班牙男子。说来也巧,她命中的真命天子,在十三岁时,就梦想着娶一位日本女子为妻。

可能在他的梦里,他看到的是一位亚洲女子,于是便认为她是日本人。殊不知,这位女子是一位中国人。

有人说,命运之说实属迷信,可是我们都有过这样的经验,自己梦中的场景在现实中重现。许多事,很早之前就已经注定,只不过,有些梦我们忘记了。就像忘记了前世的记忆,可是它如同梦一般,"真实"存在过,不是吗?

| 三毛传 |

流浪是生命的开始

三毛在读大学时,接触过西班牙古典吉他。来到马德里后,她才发现这里的人们如此热爱音乐。他们可以在心爱的人楼下弹吉他表白,也会想一个主题,整个晚上围绕该主题唱歌。

三毛经常参加这样的音乐会,其实中有一个男孩子,也喜欢参加这样的音乐会。三毛把他的名字译为荷西·马利安·葛罗。

荷西出生在西班牙南部的哈恩省,父亲名叫以撒,母亲叫作玛利亚。荷西的父亲在哈恩省安达露西亚有大片橄榄树林,靠着橄榄林,一家生活富足。

荷西兄弟姊妹八个,他排行第七,上有两个哥哥四个姐姐,下面还有一个妹妹。与三毛相似,他们都是出生在有信仰的家庭,荷西一家信奉天主教,不过荷西并不是一个虔诚的教徒,他常常在全家祷告时逃走。

荷西家兄弟姐妹众多,他不是最受瞩目的孩子。可是,每个孩子都渴望得到父母的爱和关心,为了引起父母的注意,荷西常常做出叛逆的事。比如突然消失不见,故意考砸成绩等。可是,家中孩子实在太多,无论荷西如何吸引父母的眼球,他们都不会过于注意到这个孩子。

荷西长得英俊挺拔,早就有姑娘向他表白。面对身边女孩们的示爱,他并没有动心,一心等待那东方面孔的姑娘。直到他遇到三毛,隐约地感觉到这位女子的不凡。

后来,三毛提到她见到荷西时的场景,她说:"我第一次看

第五章

漂泊,无处安放的灵魂

见他时,触电了一般,心想,世界上怎么会有这么英俊的男孩子?如果有一天可以作为他的妻子,在虚荣心,也该是一种满足了。"

三毛是一位有气质的中国姑娘,身上散发着作家的风韵。她敏感多情、谈吐不凡、矜持诗意,让当时的荷西眼前一亮。三毛尽管喜欢荷西,不过,终究觉得他们不可能。那时,她刚失恋不久,而她又比他大很多岁,那一闪的念头三毛并没当真。

起初,三毛将他的名字译为和曦,具有祥和、晨曦之意。在三毛心中,他是一个阳光明媚的大男孩,像早晨的太阳般朝气蓬勃。然而,荷西觉得和曦笔画复杂,曦实在难写,便让三毛改名字。三毛只好迁就他,叫他"荷西"了。

荷西因笔画多而改名字,多像三毛因"懋"字难写从名字中删除,他们两人总是有着难以言说的相似之处,这可能就是人们所说的缘分吧。

一见钟情,荷西陷入了对三毛的爱恋中,可三毛却没办法接受这位西班牙大男孩。她像往常一样上课、学习、打零工,早将他忘了。三毛在异国他乡,原本就是为了逃避一场爱恋,如今她不会傻到再陷入另一场爱情中。

三毛来西班牙已经有一段时间了,许多西班牙的男孩喜欢她。他们经常在三毛楼底下喊"Echo",并对她唱情歌。当荷西出现在三毛窗户下时,她只把他当作众多追求者的一个,并没有放在心上。她以为,只要她拒绝了他,他就会像其他男孩一样不再来骚扰她。

| 三毛传 |

流浪是生命的开始

在荷西追求三毛这件事情上,也意外地和三毛追求梁光明的经历重合了。当初,三毛不过是梁光明众多追求者中的一个,她单恋、相思,最终决定表白。荷西虽然没有暗恋三毛,但却做过一段时间的路人甲。

三毛并不知道,荷西在见到她第一眼时,已经将她嵌入了自己的生命。他暗暗地想:"这一生的理想便是这样了,拥有一所很小的公寓,里面有一位这样的太太,自己赚钱去养活她,这便是一辈子的幸福。"

一个人对爱情最为负责的方式,就是未来里有她(他)。三毛的未来里有梁光明,可他的未来只有事业;荷西的未来里只有三毛,可是当时三毛并不知道,因此,她只能选择拒绝。

如果,你也遇到一位把你嵌入生命的人,请一定要好好珍惜,相比那些甜言蜜语,这爱更为真诚和负责。

"表弟"表白了

荷西出现在三毛生命里后,并没有变成路人甲,而是寻找一切机会与三毛做朋友。他经常去中国朋友家做客,等待他的女神突然降临。他为了多与三毛接触,提出教她打棒球。从来没接触过棒球的三毛对这项运动一窍不通,荷西就一遍一遍地教她。聚会结束后,荷西还会骑着摩托车带三毛去兜风。他们奔驰在马德里的街道,感受着自由的风,这时的三毛会开心地大笑。

说到底,荷西只是一个十八岁的高中生,她只把他当成弟弟。这个男孩的脑袋里总会产生神奇的想法,常常逗得她哈哈大笑,三毛喜欢跟他一起玩儿。

然而,在荷西心中,她却是他珍爱的姑娘。为了三毛,他每天逃课,溜出校门找三毛。三毛记得他第一次来找她时的情形:

| 三毛传 |

流浪是生命的开始

有一天我在书院宿舍里读书,我的西班牙朋友跑来告诉我:"Echo,你的表弟来找你了。""表弟"在戏班牙文里有嘲弄的意思,她们不断地叫着"表弟来喽!表弟来喽!"我觉得很奇怪,我并没有表弟,哪来的表弟在西班牙呢?于是我跑到阳台上去看,看到荷西那个孩子,手臂里抱了几本书,书中捏着一顶他戴的法国帽,紧张得好像要捏出水来。

荷西不敢去女生宿舍,只能在楼下等三毛。三毛急忙跑下去,荷西从兜里拿出十四块西币,邀请三毛去看电影。十四块钱只能买两张电影票,他没有多余的钱支付路费。当时荷西家境富足,但在外读书,并没有多少零花钱。荷西为难地说:"可以走着去,走着回来。"

三毛不愿意让这个男孩失落,就答应了他的邀约,不过她建议一起去附近的电影院。荷西还喜欢邀请三毛去旧货市场,他们都是没钱的孩子,荷西只能在旧货市场淘东西送给三毛。三毛是一个喜欢拾荒的姑娘,对于旧货市场,她有着天然的喜爱。没钱的日子,两个人都过得很窘迫,为了能省钱,他们开始去垃圾场。

荷西越来越喜欢三毛,她是一个可爱又不嫌贫爱富的姑娘。她热情、大胆、善良、诗意……多少美妙的词语放到她身上都不为过。渐渐地,荷西不满足于与三毛做朋友,他决定向她求婚。

第五章

漂泊，无处安放的灵魂

一个十八岁的大男孩，还是一个高中生，他并不具备养家的能力。他恳求三毛等他六年——四年大学、两年兵役，六年后他就能娶她为妻。三毛在文章里写道：

> 有一天，天已经冷了，我们没有地方去，把横在街的板凳，搬到地下车的出风口，当地下车经过的时候一阵热风吹过来，就是我们的暖气。两个人就冻在那个板凳上像乞丐一样。这时我对荷西说："你从今天起不要再来找我了。"我为什么会跟他说这种话呢？因为他坐在我的旁边很认真地跟我说："再等我六年，让我四年念大学，二年服兵役，六年以后我就可以结婚了……"

少年的梦想，都是美妙不切实际的。六年，不知道要经历多少风雨，且不说感情，就是世间万物也已发生了几轮的变迁。这个世界上，唯变不变，变才是真理。三毛懂得"变"的道理，她等不起，也不知道自己六年后在哪里，她没办法答应他的求爱。不过，与这个大男孩彻底分手，三毛仍然很难过：

> 突然有一股要流泪的冲动，我跟他说："荷西，你才十八岁，我比你大得多，希望你不要再做这个梦了，从今天起，不要再来找我……因为六年的时间实在太长

| 三毛传 |

流浪是生命的开始

了,我不知道我会去哪里,我也不会等你六年。你要听我的话,不可以来缠我……"他愣了一下,问:"这阵子来,我是不是做错了什么?"我说:"你没有做错什么,我跟你讲这些话,是因为你实在太好了,我不愿意再跟你交往下去。"接着,我站起来,他也跟着站起来,一齐走到马德里皇宫的一个公园里,园里有个小坡,我跟他说:"我站在这里看你走,这是最后一次看你,你永远不要再回来了。"他说:"我站在这里看你走好了。"我说:"不!不!不!我站在这里看你走,而且你要听我的话哟,永远不可以再回来了。"……他就说:"好吧!我不会再来缠你,你也不要把我当作一个小孩子……你说'你不要再来缠我了',我心里也想过,除非你自己愿意,我永远不会来缠你。"

讲完那段话,天已经很晚了,他开始慢慢地跑起来,一面跑一面回头,脸上还挂着笑,口中喊说:"Echo,再见!Echo,再见!"我站在那里看他,马德里是很少下雪的,但就在那个夜里,天下起了雪来。荷西在那片大草坡上跑着,一手挥着法国帽,仍然频频地回头,我站在那里看荷西渐渐地消失在黑茫茫的夜色与皑皑的雪花里,那时我几乎忍不住喊叫起来:"荷西!你回来吧!"可是我没有说。

第五章

漂泊，无处安放的灵魂

三毛长大了，认为十八岁的荷西是个小孩子，却忘记了，她身为小孩子时，也觉得自己的想法很成熟。不过，三毛终究变了，她被现实打击得伤痕累累，早已不是那个爱做梦的姑娘。荷西一直爱三毛，直到他服完兵役仍然在打听三毛身在何处。

荷西很听话，他没再来纠缠她。他知道，六年后，只要她未嫁，他就会娶；他并不知道，这六年中变数太大，三毛差点儿把自己嫁掉，也不知道她差点儿为一个男人而自杀。是的，三毛不会等一个人六年，也不会答应做不到的承诺。但不得不说，他们两个仍是相爱的。三毛更不知道，她后来等了荷西一生。

如果，如果，那个大男孩可以回来，该多好啊！可惜，人死不能复生，她只当他还活着，一直陪着她……

爱情，是一场又一场游戏

三毛说："爱情是一种奥妙，在爱情中出现借口时，借口就是借口，显然已经没有热情的借口而已，来无影，去无踪。如果爱情消逝，一方以任何理由强求再得，这，正如强收覆水一样的不明事理。"

三毛爱上梁光明，虽然渴望婚姻，但还是给了他自由的选择。她没有纠缠，亦不再强求，而是一人吞咽苦水，把悲伤留给自己。她就算再不甘，也是明事理的姑娘。

荷爱上三毛，她让他不要再来找她，他答应了，在爱情里做了那个明事理的人。也许正因如此，才给三毛留下了深刻的印象。如果，荷西痴痴纠缠，三毛必然对他厌烦，两人也许会以老死不相往来收场。

与荷西分开后，三毛很快投入下一段恋情中。她的恋情在异

第五章

漂泊，无处安放的灵魂

国他乡一次次绽放，但于三毛而言，他们都不是那个让她愿意终生相伴的人。三毛有一位日本男同学，他家境富足，在马德里开了一家豪华的日本餐馆。他爱上三毛后，知道她不爱奢侈品，便用每日的鲜花来获取她的芳心。

三毛接受着他的爱，并没有多想。在这个国度里，谈一场浪漫的恋爱是再正常不过的事，而且每个人只需为爱负责，没人会为你的人生负责。不过，这位日本男孩认真了，他买了一辆崭新的汽车向三毛求婚。宿舍的女孩们被这个男孩的爱感动了，她们兴奋地大叫："嫁！嫁！这么爱你的人不嫁，难道让他跑了吗？"

但在三毛看来，他的行为却有一点儿让她为难：

> 那时候我们之间是说日文的，以前我会一点点日文。半年交往，日文就更好些，因为这个朋友懂得耐性地教，他绝对没有一点大男人主义的行为，是个懂得爱的人，可是我没有想过要结婚。我想过，那是在台湾时。跟这日本同学，也不知道是怎么回事，他在恋我，我迷迷糊糊地受疼爱，也很快乐，可是也不明白怎么一下子就要结婚了。

尽管过去这么久，三毛依然没有忘记梁光明。她只有对他想过婚姻，可他却不懂得珍惜。而那些真正爱三毛的人，她却对他

| 三毛传 |

流浪是生命的开始

们再也爱不起来。日本男同学约三毛去郊外的树林里谈判，三毛哭得很伤心，她没想过让他误会，只觉心虚。

他安慰着她："不嫁没关系，我可以等，是我太急了，吓到了你，对不起。"

这个温柔的日本同学让三毛心疼，他很好，哪里都好，可是没办法说清楚的事。三毛本以为两人的关系就此结束，她也没曾想到，这位日本同学竟然想到了自杀。三毛说：

> 当年害惨了那位日本同学，后来他伤心了很久很久。别的日本同学来劝我，说我可不可以去救救人，说日本人要自杀。切腹其实不至于，我十分对不起人是真的，可是不肯再去见他，而两个人都住在马德里。他常常在宿舍门外的大树下站着，一站就好久，我躲在二楼窗帘后面看他，心里一直向他用日文说："对不起，对不起。"

三毛渴望爱情，却找不到可以依托的男人。她尝试跟不同的男人交往，以为可以忘记过去，以为可以遇到爱情，可她发现自己再也爱不起来。没多久，三毛遇到了一位德国人。

1969年冬天，三毛一场考试考砸了，她被男友无情地数落，时光一下子把她拉回曾经自闭的岁月。她一气之下将书包埋进雪里，到东柏林办理签证。过几天，她准备去东德朋友家过圣诞节，

第五章

漂泊，无处安放的灵魂

可她来到柏林墙边，却因为是台湾旅行证件而被拒之门外。

这时，他看到了这位东德军官，军官也发现了她。看三毛一脸委屈，他问她发生了什么事。了解完事情原委后，他热情地帮助三毛办理了临时签证、拍快照、出关。他寸步不离地守在她身边，一直到所有手续办完，两人已经彼此倾慕。

这段爱情来得太过突然，三毛放弃了当时的男友，选择与这位军官在一起了。从此之后，她再没见过数落她的男友，而这个骂她的男友却痴情地等待了三毛二十年，终究也没能娶她为妻。

后来，三毛申请到了去芝加哥伊利诺伊大学学习的机会。在美国，三毛有一位堂兄。初到美国时，她直奔堂兄家，期望堂兄帮她解决住房问题。但这位堂兄生活状态实在糟糕，只好把三毛介绍给自己的同学，请求他的帮助。

堂兄的朋友是一位正在读化学的博士，一直对三毛关爱有加。慢慢地，这位博士不再把三毛当作朋友的妹妹，而是把她当成了一个女人。有一日，他问她："现在我照顾你，等到哪一年你肯开始下厨房煮饭给我和我们的孩子吃吗？"

这些年，向三毛求婚的男人有许多，她不再对求爱的话感到惊讶，更不再手足无措，不知如何是好。三毛冷静地拒绝了他，就像她的心，在一段段爱情中早把热情磨光，只剩下一地冰凉。

爱情是一场又一场游戏，爱你的人，你不一定爱；你爱的人，他未必爱你；人们在爱情的游戏中，不断地给自己配对，寻找那

流浪是生命的开始

位自己爱的,同时也爱自己的人。如若寻不到,游戏继续;如若找到,游戏结束……

事实上,游戏似乎永远不会有结束的一天。那些不甘寂寞的人,即使遇到了爱的人依然不懂珍惜,继续在茫茫人海中寻找让自己心动的人。一场惊心动魄的艳遇,一段绵长柔情的爱,一个世俗中的红颜知己……

停止吧!游戏固然刺激,终究会伤到自己,也会伤害生命中重要的人。多少人因为一场游戏葬送了青春、家庭,然而,后悔晚矣。生命中,我们还有太多美好的事没有完成,有太多的景色没有去看,有太多的爱没有给重要的人……与其沉醉在游戏中,不如做些重要的事,那才是你付出一生的时间也不会后悔的事。

人生，不该再有遗憾

身在异乡，每个人都孤独寂寞，以为遇到爱情，就会让灵魂丰满，却不知，爱情会让人变得更加孤独。那深入骨髓的思念，情人转身离去后渐冷的空气，都会越发衬得一个人空虚寂寞。两位身在异乡的恋人，是因为爱才在一起，还是因为寂寞？怕是当事人也分不清了吧。

三毛在国外的这几年，遇到过几场值得回忆的爱情，但大多都没有修成正果。男方每次提到婚姻，三毛的爱便冷却下来，她不知道自己是因为寂寞才爱上一个人，还是因为爱上一个人，才有了诸多寂寞。

在美国，三毛仍然有很多追求者，每次他们求爱，都会遭到她的拒绝。她的心逐渐冷却下来，她不再渴求通过爱情解救自己。

| 三毛传 |

流浪是生命的开始

在求学的那段时光里,三毛遇到了一对老夫妻,他们没儿没女,见到性格温顺的三毛,将她视为己出,给了她父母般的疼爱。身在异国他乡,遇到这般疼爱自己的人并不容易,三毛对他们的爱很珍惜,并用最大的爱心来回应他们。

这对老夫妇十分富有,在山坡上有一幢别墅,还在镇上开了成衣批发店,两人早就过上了衣食无忧的生活,唯一的遗憾便是膝下无子女,所以遇到三毛后,常常邀请她来家中吃饭。他们对三毛充满了慈爱,三毛把他们当成忘年交,一直保持着友好的关系。

单纯的三毛,对这对夫妇的热情并没多想,以为他们对她是纯粹的喜爱,却没想到他们另有目的。

感恩节那天,这对夫妇邀请三毛去家中做客。吃饭时,这对夫妇满面笑容地告诉她,他们要给她一个大大的惊喜。三毛以为,她会收到贵重的礼物,对这个惊喜充满了期待。当他们宣布决定收养三毛时,她简直不敢相信自己的耳朵。这哪里是惊喜,简直是惊吓。看到三毛一脸困惑,老妇人亲切地问三毛:"亲爱的孩子,你不喜欢美国吗?不想做家里的独生女儿吗?等到将来我们过世了,家里的一切财产都将是你的。"

年幼时,三毛被父母呵护得很好,从没为金钱担忧过。后来,她出国留学,日子苦得要挤出眼泪来,可她仍然是那个热爱垃圾场,不被金钱所诱惑的三毛。

她渴望自由,又如何能被这对夫妇绑架?三毛努力让自己保

第五章

漂泊，无处安放的灵魂

持微笑，想知道她要付出的条件是什么。她追问道："我做你们的儿女有什么条件吗？"

"没有什么条件，亲爱的孩子，我们爱你，领养了你，你就可以永远幸福地跟我们生活在一起，甜蜜地度过一生。"

"一辈子？"三毛被这个时间节点吓到了。

妇人继续说："孩子，这个世界上有很多坏心肠的人，你不要结婚，跟爸爸妈妈生活一辈子，我们会保护你。做了我们的女儿，你可以衣食无忧，但是你不能丢下父母去结婚！如果你走了，我们就该把财产捐给哪个基金会去了。"

确实，这个世界上坏心肠的人很多，然而，打着爱的名义绑架一个年轻姑娘一生的人，心肠又能好到哪里去？她不是一个物品，她是一个有情感的人。她的情感与自由，难道不更重要吗？金钱固然重要，但没有重要到用有限的金钱来换取她无限的青春。

三毛不动声色地离开了，从此再没踏进过这对夫妇的家门。三毛回忆这对夫妇时说：

> 这样残酷的领儿防老，一个女孩子的青春，他们想用遗产来交换，还觉得对我是一个天大的恩赐。
>
> …………
>
> 我这时候看着这两个中年人，觉得他们长得那么的丑

| 三毛传 |

流浪是生命的开始

恶,优雅的外表之下,居然包着一颗如此自私的心。我很可怜他们,这样的富人,在人格上可是穷得没有立锥之地啊!

一个人想要获得成长,必须去外面的世界闯荡,经历风雨,之后才能真正成熟起来。在国外的这几年,三毛着实成熟了不少。她看透了世态炎凉,看尽了人们优雅的外表之下丑陋的灵魂,她短短的二十多年,真是活了许多人的几辈子。

她见识过外面的世界,了解了人性不过如此。对于这人世间,她不知道漫长的一生要细数多少时光。如果,她此刻离去,人生还有什么遗憾?她不断追问自己,最后得到的答案是:父母。

父母在她身上倾注了太多无怨无悔的爱,她当初负气出国,从来没有考虑过父母的感受。如今长大后才明白,世间最爱自己的是父母。在外飘荡多年,她想回去,回到父母身边,回到台湾。她说:

> 那一个黄昏,下起薄薄的雪雨来,我穿了大衣,在校园里无目的地走着。我看到肃杀的夜色,想到初出国时的我,再看看现在几年后的我;想到温暖的家,再联想到我看过的人,经过的事,我的心,冻得冰冷。

一颗冰冷的心,只有家人的爱才能融化,只有真正爱你的人,

第五章

漂泊,无处安放的灵魂

才愿给你自由而不是束缚。三毛从小到大一直任性,然而,父母爱着她,纵容着她的任性。她现在才知道,那样的爱有多伟大,有多不易。好在,她明白了,一切不算晚。

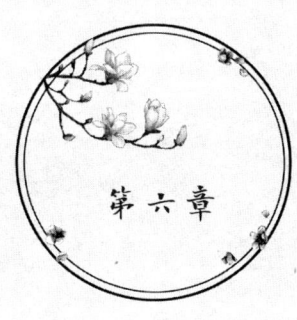

第六章

心动，经得起考验的爱情都是真情

远方的游子回来了

"少小离家老大回,乡音无改鬓毛衰。"风华正茂时离开家乡,回家时已经两鬓苍苍。面对着熟悉的环境,人却不是当年的人,这又如何不令人伤感呢?世事沧桑,弹指一挥间,三毛回到台湾,虽然没有两鬓苍苍,但台湾的父母却新添了些许白发。

"时光一逝永不回,往事只能回味……"父母与三毛回味着往事,但三毛的往事却不堪回首,她不忍想起那自闭的童年,也不忍想起这个城市的梁光明。在她的经历中,她可以回味的东西太多,而那些伤心的往事,就随风而逝吧。

出国五年,三毛熟练地掌握了英语、西班牙语和德语。回到台湾后,她很快当上了德语老师。对于她这样一位在德国生活过的人来说,当老师并不是难事,也不用花费太多心思。三毛在学校上课时,没想到也喜欢"逃课":

| 三毛传 |

流浪是生命的开始

上课两小时,学生不提问题,一请二请三请,满室肃然。偷看腕表,只一分钟便将下课,于是笑对学生说:"在大学里,学生对于枯燥的课,常常会逃。现在反过来,老师对于不发问的学生,也想逃逃课,现在老师逃了,再见!"收拾书籍,大步迈出教室,正好下课铃响,不亦乐乎!

在生活上,三毛依旧特立独行,过着与常人完全不同的生活。三毛写到她归国后的生活时,表达了这种不同:

归国定居,得宿舍一间,不置冰箱,不备电视,不装音响,不申请电话。早晨起床,打开水龙头,发觉清水涌流,深夜回室,又见灯火满室,欣喜感激,但觉富甲天下,日日如此,不亦乐乎!

三毛在台湾的生活,与在国外时完全不同。在台湾也有舞会、音乐会、歌剧等丰富的娱乐活动,只是三毛对烟火生活有了极大的兴趣。虽然,她不置备家用电器,但终究把目光放到了生活上,而不是在喧闹的环境中独品寂寞。

在国外,三毛拒绝着一段又一段爱情;回国后,她却很快决定结婚。她遇到了一个不三不四的男人,三毛对这位男子产生了

第六章
心动,轻得起考验的爱情都是真情

奇怪的情感,许是她的善心"作祟",她把他介绍到基督教会后,为了拯救他决定要嫁给他。

不过可笑的是,三毛的满腔热血却以失败告终。男子竟有家室,欺骗了她。三毛狠心分手,男子却苦苦纠缠,耍无赖。为了打发男子,陈嗣庆赔给了他一套房子才算了结。通过这件事,可以看出来,三毛对爱情变得无所谓了。她需要的不是爱,也不是被爱,而是有一个能与她过日子的男人。无论是谁,只要向她求婚,她都愿意答应。

经历了万千风雨,三毛开始为家人着想,她知道,二十九岁的自己再不嫁人,父母的双鬓要急出更多白霜。当下,她只想守着父母,过常人生活,再疯狂的岁月,都不及日常里的一粥一饭。

没多久,三毛在一位老师的引荐下,认识了一位德国教师。他们第一次相见,彼此都留下了不错的印象,之后的恋情也展开得十分顺利。

德国教师家境不错,为人善良,对三毛百般疼爱,无论从哪方面看,他都是不错的结婚对象。某个夜晚,他们牵手散步,在星空下他说:"我们结婚好吗?"

三毛回答:"好。"

幸福,就这样开始了。三毛认为,只要结婚,就能过上正常的生活,享受常人幸福。她对婚后的生活充满向往,在幸福的喜悦中置办结婚用品。两人一起挑选情侣配饰、定制家具,甚至还

| 三毛传 |

流浪是生命的开始

一起印了名片:

> 那天早晨我们去印名片。名片是两个人的名字排在一起,一面德文,一面中文。挑了好久的字体,选了薄木片的质地,一再向重庆南路那家印刷店说,半个月以后,要准时给我们。

幸福离这两位新人越来越近,他们幸福得几乎要哭出来。看着越来越像家的新房,三毛以为自己会幸福一辈子,谁知,这个男人却出了意外!

那天,三毛和未婚夫聊起了自己在外国留学的经历,一直聊到清晨才疲倦地睡去。第二天醒来后,她发现他还在睡便叫他起床,无论三毛怎样呼叫,他都一动不动地躺在那里。三毛发现不对,他的身体冰凉……原来,原来,原来他竟然在睡梦中,去世了!

人人都以为幸福触手可及,三毛却发现幸福如此遥远。她吓坏了,难过得不知道该怎么办。她不敢相信,几个小时前还与她畅想未来的未婚夫,现在已是天人永隔。她拼命地呼唤他,试图把他从死神手里夺回来,可是没用了,她所有的努力都是徒劳。

死,到底是什么,她不知道。只知道,死亡将她推向黑暗。她原本冰冷的心,刚要融化,最后却变得连"心"也不存在了。她似一架行尸走肉,连痛也不知晓了。

第六章

心动,轻得起考验的爱情都是真情

后来,三毛回忆起这位未婚夫时,仍然感慨万千:

> 那盒名片直到今天还没有去拿,十七年已经过去了。
> 说"好"的那句话还在耳边,挑好名片的那个晚上,我今生心甘情愿要嫁又可嫁的人,死了。
> 医生说,心脏病嘛,难道以前不晓得。

当然不晓得。就像三毛不晓得,日后她还会亲手送走另一位爱人——荷西。希望,失望,希望,失望……任是再坚强的人,也有坚持不下去的一天。

三毛从外面回来了,可是经历了生离死别以后,她的灵魂又再度飘走了。那段时间,她心如死灰,不知道自己是否活着。

活着吗?不知道啊!那就死一下,试试吧!

让我随你去

三毛说:"爱情到底是什么东西,为什么那么心酸那么苦痛,只要还能握住它,到死还是不肯放弃,到死也是甘心的。"

到死,也甘心。为了爱,三毛决定自杀,随爱人而去。她的生活信念全线崩溃,只求尽快解脱。她不是脆弱,经不起风吹雨打,而是仅存的一点儿爱,也消失了。她把自己锁在卧室,谁也不肯见。只要醒着她就大声地哭,哭累了就开始怀念他种种的好。

每次卧室里没了动静,敏感的缪进兰便把耳朵贴在门上,想知道三毛是不是自杀了。母亲猜得没错,三毛最终还是自杀了。许久未出门的三毛,突然要去朋友家,父母觉得她出去散散心不错,也就没有多想。在与朋友交谈时,朋友去接电话,三毛在这个空当将大瓶安眠药吞下,等发现时,她已深度昏迷。朋友急忙把三毛送进医院,因抢救及时,三毛最终被救了下来。

第六章

心动,轻得起考验的爱情都是真情

在医院里,缪进兰难过得要死,责怪三毛为什么不珍惜自己的生命。如果她去了,父母又该怎么办?没了孩子,父母也没了活下去的意义。爱是三毛的一切,可孩子是父母的一切。

三毛意识到了自己的任性,也知道了父母对她的爱。她并不自责,只是感觉身上的担子有点重。她没有想过,自己的生命会和父母联系在一起。之前她自杀,只是感受到了父母的爱,如今才发现,原来这份爱已经与她合为一体。三毛回忆起这段往事时,在文章中说:

> 飘了几年,回家小歇,那时本以为常住台湾,重新做人。飘流过的人,在行为上应该有些长进,没想到又遇到感情重创,一次是阴沟里翻船,败得又要寻死。那几个月的日子,不是父母强拉着,总是不会回头了,现在回想起来,塞翁失马焉知非福,没有遗恨,只幸当时还是父母张开双臂,替我挡了狂风暴雨。

二十九岁,人生的道路还很长,谁也不知道将来会遇到什么。眼前的坎坷放到未来,不过是暂时掉入了阴沟,只要自己决定爬起来,没人能阻止你去追求更好的幸福。

人的一生由父母、朋友、生活、事业、物质、爱情等组合而成,没有谁能只靠一种而活。无论我们失去哪一种,都只是失去了生

流浪是生命的开始

命中的一部分,而不是全部。不论一个人死亡还是活着,只要还在爱着,爱就没有死,爱永远没有死亡。

在那样一段灰暗的日子里,三毛靠着父母的爱支撑了下来。时间慢慢愈合着她的伤口,让她从死亡中解脱出来。多年以后,三毛对生死看淡了许多,她说:

> 回想三十三年来的岁月,有苦有乐,而今仍要走下去,倒已是有点意兴阑珊了。我的半生,到现在,已十分满足,金钱、爱情、名声、家庭都堪称幸福无缺,只缺健康的身体,但是,我也无遗憾,如果今后早死,于己于人都该贴红挂彩,庆祝这样的人生美满结束,我的心里毫无悲伤,只有快乐。自从去年大哥死去之后,我细想了一下,死的人去了,是安息了,是永恒了,生着的人,不应该悲痛,要有坦然的心胸去接受人生的现象,这也是我近来身体极不好之下,想到你们,而要劝告你们的话,人生的长短和价值,都是一样,一旦进入死亡,那就是永远地活下去,没有什么好悲痛的,请你们一定要明白这个道理。

经历生死,才能懂得珍惜生命的宝贵。三毛经历了自杀,才更加懂得活着的意义,以及死去的灵魂的意义。死,不代表已经"远去",而是永远地"活"下去。在《圣经》里,上帝将死亡

第六章

心动，轻得起考验的爱情都是真情

的人称为"睡了"，当耶稣基督再来时，那些死去的人都会重生，然后再来接受上帝的审判……

三毛从小是基督徒，懂得上帝之意。不过，后来她更信因果，相信灵魂会永远存在。当她卸下肉体凡胎，却忽视了，无论是上帝，还是佛陀，都不希望人们以自杀的方式结束生命。佛说，你本来是佛，人人是佛。因此，想要得到极乐，必须自救。越是艰难困苦的环境，越是遭受巨大打击，我们越要坚强地撑下去，就算失去全世界，至少还有爱我们的人，就算为了他们，也应该坚强起来。

再遇荷西

　　三毛没能与那个男人在一起，二人终究是有缘无分。缘分这事，强求不得。三毛和荷西有缘分，在她失落失意时，他的一封信挽救了她。兜兜转转，缘分终会把我们推向那个对的人。

　　或许老天对三毛有点不公平，让她在最好的年华遭受一次又一次重创，她承受了比常人更多的磨难。那时，她到底还是一个孩子，是一个年轻的姑娘。可在三毛看来，她的半生并无遗憾，没有磨难，她也不会成长为今后的三毛。相比简单，她更喜欢深刻；相比日常，她更喜欢有温度的生活。

　　三毛这次在台湾只待了一年多，这一年中，她仿佛经历了半个世纪，谈了两场恋爱，换了许多工作，经历了生死。一年后，一位西班牙的朋友来探望她，说到了一封信。

　　他说："三毛，你还记得西班牙有一个名叫荷西的人吗？这

第六章

心动,轻得起考验的爱情都是真情

个人托我带了一封信来。他说,如果 Echo 已经把他忘记了,就不要给她看了。"

三毛疑惑地拆开信,发现里面有一张照片,主人公英俊魁梧,正赤裸着上身在一片蓝色的海洋里抓鱼。三毛把回忆拉到马德里,回忆起当年那个见到她紧张得快把法国帽攥出水的大男孩。如今,那大男孩长大了,变成了一个大胡子英俊的男人了。

三毛望着照片,不假思索地脱口而出:"这是希腊神话里的海神嘛!"

三毛打开信,上面写着:

> 过了这么多年,也许你已经忘记了西班牙文,可是我要告诉你一个秘密,在我十八岁那个下雪的晚上,你告诉我,你不再见我了,你知道那个少年伏枕流了一夜的泪,想要自杀?这么多年来,你还记得我吗?我和你约的期限是六年。

六年之约,在三毛眼里不过是小孩子过家家,可在荷西眼里却是一生的承诺。她早将往事丢在了马德里,可荷西无论身在哪里,都将承诺刻在了生命里。

那时,三毛有了未婚夫,并没将这位大胡子男人放在心上。直到未婚夫去世,她才决定再次回到西班牙。西班牙,是一个帮

| 三毛传 |

流浪是生命的开始

助她疗伤的地方：第一次为了爱情负气而走，是西班牙解救了她；现在，她又一次失去爱人，回到西班牙是最好的决定。想到出国，三毛在文章中写道：

"其实，再度出国一直是我的心愿，我是一个浪子，我喜欢这个花花世界。随着年岁的增长，越觉得生命短促，就因为它是那么短暂，我们要做的事，实在太多了。"

1972年，三毛带着一身的伤再次回到了马德里。这是一个开放的城市，张开双臂拥抱着那些负伤的人。

离开了台湾，三毛的伤痛很快消失了，她在马德里找到了一份小学教师的工作，主要教授英文。她每个月的薪水只有四千台币，但对她来讲足够了。在这里，三毛自由得像只快乐鸟，很快忘记了德国未婚夫的事，同时也忘记了荷西还在等她。

荷西的妹妹伊丝帖知道哥哥的痴情，见到三毛后，为了让哥哥安心，央求三毛给荷西写一封信。三毛对爱情已经死心，拒绝着一切爱的可能。她对伊丝帖说："我已经不会西班牙文了，怎么写呢？"

伊丝帖才不管她是不是已经忘记西班牙文，她只求三毛可以写一封信给哥哥，什么语言都好。于是，伊丝帖写了信封，三毛用英文写了一行字："荷西！我回来了，我是Echo，我在××（地址）。"

三毛极不情愿写下的信件，荷西却如获至宝。他等了六年总算换来了她的只言片语，简直欣喜万分。不过，他看不懂英文信

第六章

心动，轻得起考验的爱情都是真情

件，整个军营中也没人读得懂信里写了什么。聪明的男子，会一眼看出三毛的拒绝，但荷西却认为这个机会太过宝贵，一时情急，他想到了一个好办法。他将漫画剪下来，贴到信纸上，并用笔勾出一个漫画小人，注明那个小人是他——荷西。

荷西将电话打到三毛朋友家中，让她帮助约会三毛。当三毛稀里糊涂地来到女友家，女友一副神秘的样子，她小声地说："坐下来，闭上眼睛。"三毛不知道葫芦里卖的什么药，只好听话地闭上眼睛，用耳朵"查看"到底有什么情况。

三毛以为这是一场恶作剧，甚至做好了迎战的准备。但她没有想到，这个惊喜让她终生难忘：

> 当我闭上眼睛，听到有一个脚步向我走来，接着就听到那位太太说她要出去了，但要我仍闭着眼睛。突然，背后一双手臂将我拥抱起来，我打了个寒战，眼睛一张开就看到荷西站在我面前，我兴奋得尖叫起来，那天我正巧穿着一条曳地长裙，他穿的是一件枣红色的套头毛衣。他揽着我兜圈子，我尖叫着不停地捶打他，又忍不住捧住他的脸亲他。站在客厅外的人，都开怀地大笑着，因为大家都知道，我和荷西虽不是男女朋友，感情却好得很。

| 三毛传 |

流浪是生命的开始

三毛以为,她早就忘记了荷西,在没见到荷西以前,一直用无尽的冷漠回应他。当她见到荷西时,才发觉内心起了波澜,她激动得哭出来,也高兴地笑起来,像个疯子似的,不知道该如何是好。

六年过去,荷西再也不用离开她了。她接受了这段感情,珍惜他对她的爱。荷西不再是那个单纯的大男孩,他要给她一个家,赚钱养活她。现在,他想带着心爱的女人漂流在无垠的大海上,任凭洋流把他们带到世界上任何一个地方。不管在哪里,有她的地方就是天堂。

三毛遇到荷西,不知道算不算绝处逢生。她以为人生的灵魂已经枯萎,荷西的出现,让她的灵魂再次鲜活起来。原来,她还会爱,会激动,会哭,会笑。

好在,三毛只是走进黑暗,只要有一束光照进来,她的生命依然能大放异彩。

对的人,能让心灵靠岸

三毛爱过,也被爱过,无论是她爱人,还是人爱她,爱情终归是生活的一部分。然而,对于荷西而言,三毛是他的一切,是他一生的事业,是他的生活……总之,是生命里的全部。在这般浓得化不开的爱情面前,三毛很难不为之动容。

世间哪个女子遇到像荷西这样把心爱的人看作比自己生命还重要的男子,能不动心呢?三毛也不例外。

六年过去了,荷西早已不是当年的荷西,他不再是那个做梦给她一个家的大男孩,他是一个想用实际行动照顾三毛的男人。这些年,他学会了潜水,还爱上了航海,对生活更有见地。

当时,三毛一面当老师,一面给台湾《实业世界》杂志写稿,每期都有一版专栏。有一天,马上要到交稿日期了,三毛整天把自己关在房间里创作。她对生活没了力量,她的健康受到了严重

| 三毛传 |

流浪是生命的开始

的影响。荷西为了让三毛从稿件中解脱出来,邀请她去公园里散步,他们看到园丁爬上高高的树木,将不必要的树枝锯下来。荷西安慰她,说:"我觉得那些被关在'方盒子'里办公、对着数字的人,才是天底下最可怜的。如果让我选择,我一定要做那树上的人,不做那银行上班的人。"

一语惊醒梦中人,三毛被荷西的理论折服。她回到家,立刻给编辑部写了一封信:对不起,不干了。

荷西喜欢三毛,大概看到了她身上的自由,而荷西渴望的自由,恰恰又对三毛的口味。三毛没办法再把她当成"表弟",他是她的知音。

与荷西接触得越多,三毛越能发现他的好。三毛说,荷西不像她平时接触的那些男子,总是处心积虑地渴望得到什么。荷西单纯且善良,他不在乎她的过去,不去追问她对未来的要求和打算,他想要的只是她陪在他身边,不管她做什么,他都愿意支持。

有一天下午,荷西邀请三毛去他家中做客。荷西的表情有点害羞怪异,三毛很疑惑,但并没说什么。当三毛进入荷西的房间后,三毛被眼前的景象惊呆了:

在马德里的一个下午,荷西邀请我到他的家去。到了他的房间,正是黄昏的时候,他说:"你看墙上!"
我抬头一看,墙面墙上都贴满了我发了黄的放大黑白照

第六章

心动，轻得起考验的爱情都是真情

片，照片上，剪短发的我正印在百叶窗透过来的一道道光纹下。看了那一张张照片，我沉默了很久，问荷西："我从来没有寄照片给你，这些照片是哪里来的？"他说："在徐伯伯的家里。你常常寄照片来，他们看过了就把它摆在纸盒里，我去他们家玩的时候，就把他们的照片偷来，拿到相馆去再做底片放大，然后再把原来的照片偷偷放回盒子里。"我问："你们家里的人出出进进怎么说？""他们就说我发神经病了，那个人已经不见了，还贴着她的照片发痴。"

若是她的心碎了，他是那个愿意用自己的心去交换的人；她在爱里伤了，他愿意用自己的爱医治她的伤口；她有不堪的经历，他愿意一起与她面对……

六年，这个大男孩没有一刻不想她，没有一刻不爱她。即使三毛被爱伤得遍体鳞伤、铁石心肠，此时也被治愈、被融化了。一瞬间，三毛的爱如决堤般汹涌而来：

我转身问荷西："你是不是还想结婚？"这时轮到他呆住了，仿佛我是个幽灵似的。他呆望着我，望了很久，我说："你不是说六年吗？我现在站在你的面前了。"我突然忍不住哭了起来，又说："还是不要好了，不要了。"

| 三毛传 |

流浪是生命的开始

他忙问:"为什么?怎么不要?"那时我的新仇旧恨突然都涌了出来,我对他说:"你那时为什么不要我?如果那时候你再坚持要我的话,我还是一个好好的人,今天回来,心已经碎了。"他说:"碎的心,可以用胶水把它粘起来。"我说:"粘过后,还是有缝的。"他就把我的手拉向他的胸口说:"这边还有一颗,是黄金做的,把你那颗拿过来,我们交换一下吧!"

世间最动人的情话,不是我爱你,也不是在一起,而是没关系。你累了?没关系;你受过伤?没关系;你爱无能?没关系……

对的人,不是给你甜言蜜语的人,也不是给你豪宅豪车的人,更不是承诺相伴一生的人,而是能给你安静,让你的心灵靠岸的人。人与人之间最难得的是信任,更难得的是相信他能给你一生的幸福。

后来三毛说:"在结婚以前,我没有疯狂地恋爱过,但在我结婚的时候,我却有这么大的信心,把我的手交在他的手里,后来我发觉我的决定是对的。"

三毛恋过,爱过,只是没有如此这般疯狂过。她百分百信任这个大胡子男人,像相信自己一样。她笃定他能给她想要的幸福,至于其他,不重要了。三毛在《大胡子与我》中写道:

第六章

心动,轻得起考验的爱情都是真情

结婚以前大胡子问过我一句很奇怪的话:"你要一个赚多少钱的丈夫?"

我说:"看得不顺眼的话,千万富翁也不嫁;看得中意,亿万富翁也嫁。"

"说来说去,你总想嫁有钱的。"

"也有例外的时候。"我叹了口气。

"如果跟我呢?"他很自然地问。

"那只要吃得饱的钱也算了。"

他思索了一下:"你吃得多吗?"

我十分小心地回答:"不多,不多,以后还可以少吃点。"

人们时常感叹遇不到真爱,却忽略了,是不是自己想要的太多。我们不过是世间普通男女,生命总会有缺憾。不管如何做选择,最重要的是不抱怨,得到了金钱,就不再奢望爱情;得到了爱情,就安心于一粥一饭的日子。专注自己拥有的胜过盯着缺失的部分。人生的不幸就在于,明知得不到,却拼命想得到,最终一败涂地,失了自己。

我要去撒哈拉

每个人都有一个梦，那个梦想可能不切实际，但却一直住在心里。三毛把自己称为浪子，认为她天生就该流浪。当她与荷西确定恋情后，另一个梦想逐渐浮出水面。

之前一个偶然的机会，三毛翻看《国家地理》杂志时，书中有一篇文章，介绍了与西班牙只有一水之隔的撒哈拉沙漠。

不知何故，三毛对这个地方很着迷，她说："我只看了一遍，我不能解释的，就莫名其妙、毫无保留地交给了一片陌生的大地。"

她梦想去撒哈拉沙漠当一个女探险家，找到属于她浪子的灵魂。当她把这个想法告诉荷西时，他有一点儿难过。荷西是一个大男人，对于未来的理想生活有自己的构思。他喜欢潜水，更爱着大海，他渴望与三毛一同前往爱琴海，从那里出发，然后漂流到任何一个地方。

第六章

心动,轻得起考验的爱情都是真情

三毛爱上梁光明,给了他两个选择,要么结婚,要么一起去西班牙。梁光明为了事业,狠心与三毛分手,把最难以下咽的苦酒丢给她,走得潇洒彻底。三毛爱上荷西,给了他两个选择,要么两人一起去撒哈拉,要么分开,荷西自己去航海。

真爱往往要接受考验,谁爱谁更多一点儿,在极致的考验下才能确定是不是够爱。尽管荷西向往大海,航海是他一生的梦,但对于他来讲,最重要的是三毛。他收起所有的情绪,悄悄地收拾好行囊,提前一步踏上了撒哈拉的旅程。

荷西在阿尤恩城外一家磷矿公司找到了一份工程方面的工作,薪水少得可怜。公司为他安排了宿舍,为了心爱的女人,他在阿尤恩租了房子等她到来。

与海上潮湿舒适的环境相比,沙漠宛如地狱。这里烈日炎炎,每天平均日照达十一个小时,正午温度最高可以超过五十摄氏度。那烈焰照在皮肤上,灼得人全身发痛。对于荷西来说,他认为所有的付出都值得。他给三毛写了一封信,在信中说:"我想得很清楚,要留住你在我身边,只要跟你结婚,要不然我的心永远不能减去这份痛楚的感觉。我们夏天结婚好吗?"

三毛一心想去撒哈拉,没想到荷西为了她肯放弃理想。如果此时不去,又更待何时?

"但是我却看了快十遍,然后将信塞在长裤口袋里。到街上去散步了一个晚上,回来就决定了。"

| 三毛传 |

流浪是生命的开始

三毛决定了，远赴撒哈拉，去她梦想的地方。那里战乱不断、物质匮乏、生活极不安定，可以说如同灾难。可没有险，又如何去探？

艰难困苦她不怕，生活贫困也不怕，她要的是灵魂的自由，渴望一片土地，就用自己的双脚踏上去。当三毛下了飞机，踏上向往的撒哈拉时正是黄昏。苍凉的沙漠，在落日下多了几分悲凉的气息。荷西来接她，三个月未见，那个男人已经变得不成样子。他双手粗糙，头发、胡子落满黄土，嘴唇干裂，颧骨晒红，连目光也仿佛被太阳吸干了水分。

三毛看到这样的荷西很是心痛，倘若不是她，他也不用吃这份苦，受这份罪。在满地黄沙的见证下，三毛终于决定嫁给他。那粗糙的手，落满黄土的脸，以及连家也没有荷西，就这样打动了三毛。

荷西是她的归宿，这个归宿不是房子，更不是千万家产，而是一个爱她的男人。他把三毛领到早已租好的房子里，打开门，三毛看到了一条幽暗的走廊，墙皮已大面积地脱落。三毛开心地笑着，丝毫不在乎这样的家住起来是否舒适。

三毛是一个探险家，一路的收获固然有艰辛，但更多的是成长。在爱情与婚姻里，她仍然做了探险家，她把一生交给了几乎无法给她温饱的男人，这不是探险又是什么？然而，她的收获也一定会比常人多。

第六章

心动,轻得起考验的爱情都是真情

人生重要的不仅是收获了什么,还有经历了什么,与荷西这段经历让她开心。在那个并不像家的房子里,他们笑着拥抱在一起,觉得自己是全世界最幸福的人。

在厨房里,三毛看到了一大堆来不及洗的碗筷,水龙头也旧了,滴滴答答地滴着水,在如此破落的房子里,三毛暗暗地想,这个家有了女主人,一定会一天天地好起来。

三毛彻底活过来了,她渴望做女主人,渴望去撒哈拉探险,渴望与这个男人好好相爱下去。人最怕对生活失去希望,那样的生命如同死灰一般。如今,三毛的希望被点燃了,就像撒哈拉的烈日,温度越高,希望之火便燃烧得越旺。

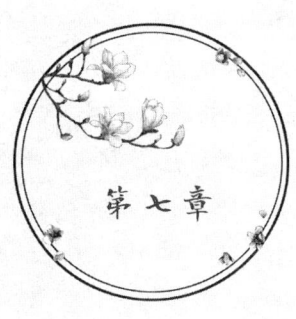

第七章

自由，三毛的流浪，流浪的三毛

撒哈拉,不要问我从哪里来

1973年,三毛第一次踏进撒哈拉,沙漠给她的印象只有一片诗意的苍凉。比沙漠更苍凉的是,她和荷西的第一个小家。后来,三毛在文章里写到那个家,境况窘迫得令人心疼:

家里没有书报,没有电视,没有收音机。吃饭坐在地上,睡觉换一个房间再躺在地上的床垫。

墙在中午是烫手的,在夜间是冰凉的。电,运气好时会来,大半是没有电。黄昏来了,我就望着那个四方的大洞,看灰沙静悄悄地像粉一样撒下来。

夜来了,我点上白蜡烛,看它的眼泪淌成什么形象。

这个家,没有抽屉,没有衣柜,我们的衣服就放在箱子里,鞋子和零碎东西装大纸盒,写字要找一块板来

| 三毛传 |

流浪是生命的开始

放在膝盖上写。夜间灰黑色的冷墙更使人觉得阴寒。

和相爱的人在一起,吃糠咽菜也是幸福的。三毛在撒哈拉定居后,开始了真正的沙漠之旅。第一次行走在沙漠里,她只带了必需品和帐篷,几乎没有想过沙漠有什么危险。在这里,有一些游牧民族,他们见到文明世界的人到来,便会索要物品。如果没有东西给他们,他们便会甩臭脸,甚至给旅行制造麻烦。

第二次旅行时,三毛聪明了许多。她经常带一些药物和廉价的小商品,以此来讨当地人的欢心。她把玻璃珠串、廉价的戒指、奶粉、白糖等物品送给当地人,他们对她友好了许多,并慢慢地建立了友谊。

三毛常常为当地人着想,有时他们生了病,三毛会用自己为数不多的医疗知识为他们治病。比如有皮肤病患者,她会买一点儿药膏给他们涂;有人眼睛烂了,她就买眼药水来治疗;有人身体虚弱,她也会为他们准备复合维生素……

荷西的薪水只够应付房租,生活开支便成了问题。他给三毛买了一只羊,每天早上三毛可以喝到新鲜的羊奶,但一只羊并不能解决全部生计问题,加上三毛还需要旅行,生活费用必然紧张。

有一次,她和荷西去镇上商店采购生活用品,店里的物价却贵得离谱。望着商品的价格,三毛有些沮丧,只好简单地买了必备品。结账时,三毛抢着付钱,荷西瞟了一眼,便将三毛的手挡

第七章

自由,三毛的流浪,流浪的三毛

了回去,从自己口袋中拿出钱来,付完账后一句话不说走了。

三毛并不懂荷西的自尊心受到了伤害。他曾许诺,要养活心爱的女人,他又怎能让她付钱呢?三毛解释说,这钱是父亲给她的,又没有乱用。荷西认真地强调,三毛的钱应该存进银行,而不是用来消费。如果需要购买物品,则必须花他的钱。三毛有点恼怒,但还是忍住了,因为她可以用时间来证明自己:

> 我听见他的话,几乎愤怒起来。这么多年的相识,这么多国家单独的流浪,就为了这一点钱,到头来我在他眼里还是个没有分量的虚荣女子。我想反击他,但是没有开口,我的潜力,将来的生活会为我证明出来的。现在多讲都是白费口舌。

一个人越是缺什么,便越要证明什么。荷西生活贫困,便越想证明他可以养活她。三毛知道他的窘状,不管他如何任性,依然不肯将钱存进银行,即使被荷西骂"混蛋",还是愿意担负起生活的责任。

事实上,三毛的生活费用,大部分都用于旅行探险了。她购买相机,为当地人准备礼物,着实需要不小的开支。在这个地方,人们并没有那么文明,这一切也为三毛带来了巨大的困惑。

那天,三毛去沙漠里旅行,为一位老太太治了病,老太太为

| 三毛传 |

流浪是生命的开始

了感谢三毛,邀请她去她家中做客。

老太太一家住在帐篷里,家中有几个用面纱蒙着面的女子。三毛想要拍摄当地的人物风情,便用手势示意她们,可不可以将面纱摘下来。几个女人答应了,她们长得精致又漂亮,三毛十分惊讶,不由自主地拿起相机为她们拍照。

就在三毛一张又一张地拍下她们的照片时,一个男人突然闯了进来,然后大发雷霆地将老女人踢倒,又对这几位女子一顿漫骂。

三毛上前辩解,希望他不要打她们。没想到男人却用西班牙语说,三毛的相机,把她们的灵魂勾走了。

男人要打坏三毛的相机,三毛哭笑不得,不知该如何解释。她急忙跑出去,忙叫导游开车快走,却一下子被那男人拦住。任凭三毛如何辩解,当地人都没办法答应三毛将她们的"灵魂"取走。既然他们如此迷信,那么就只能用迷信的方式来应对。见过世面的三毛,站起对他们说:"我现在就释放你们的灵魂,你们不要担心。"

说完,三毛打开相机的后盖,取出黑色胶卷,等他们看清相机的真容后,才相信小盒子里并不能装下灵魂,这才放过了她。

还有一次,三毛拿出了镜子,没想到当地人也害怕起来,以为镜子会吸走人的灵魂。为了让当地人变得更加文明,三毛一边旅行,一边开化当地人,可谓功德无量。后来,当地人不再怕镜子,对文明世界也有了一定的认识。

第七章

自由,三毛的流浪,流浪的三毛

撒哈拉,梦里的撒哈拉。三毛说,她来这里,是为了寻找梦里的乡愁。这里的人们,有意无意地会伤害她,可她觉得他们可爱,真心地给予他们帮助,或许,她天生属于这一片土地。三毛在歌词《沙漠》中写道:

前世的乡愁

铺展在眼前

啊啊啊啊 一匹黄沙万丈的布

当我当我 被这天地玄黄牢牢捆住

漂流的心 在这里慢慢慢慢一同落尘

呼啸长空的风 卷去了不回的路

大地就这么交出了它的秘密

那时沙漠便不再只是沙漠

沙漠 化为一口水井

井里面 一双水的眼睛

荡出一抹微笑

朴素的婚礼,十分的幸福

荷西为了三毛来到撒哈拉,主要目的是和三毛结婚。现在他们有了家,两个人的关系也已确立,接下来荷西做的一件事,就是拉着三毛去法院登记结婚。

三毛没有反对,跟荷西一同去了法院。法院里没有多少工作人员,只有一位老秘书值班。当地人结婚从不办理结婚手续,三毛和荷西的到来,给他出了一道难题。老秘书慌乱地抱来一堆落满灰尘的书籍,在里面翻找结婚需要的手续。很久之后,他告诉两个人,如果想要结婚,就要准备:出生证明、单身证明、居留证明、法院公告证明等材料。台湾的新婚手续更为复杂,证明文件由台湾出具后,还需要由台湾驻葡萄牙机构翻译证明,再转到西班牙驻葡萄牙领事馆公证,再经西班牙外交部转到西属撒哈拉审核,核准通过后公告半月,最终再送往马德里户籍所在地法院

第七章

自由,三毛的流浪,流浪的三毛

公告。如果一切进行顺利,最快也要两三个月的时间。

三毛一向讨厌复杂的程序,她头疼地问荷西:可不可以不结婚了?荷西摇头,结婚才能证明她是他的妻子,他所做的一切,都是为了等待这一天,又怎么会因为这点事而放弃?

无奈之下,三毛只好成全荷西的心愿,费心思地准备结婚使用的证明和文件。在办理结婚手续这段日子里,三毛打算用两三个月的时间横穿沙漠。当地人认为三毛疯了,警察也准备三个月后把她送回马德里。如果不能横穿沙漠,她便失去了来撒哈拉的意义。为了不引起麻烦,她向一个退休的老司令要来了沙漠的地图,向他请教穿越沙漠的经验。老司令不厌其烦地对她说:"撒哈拉,这是一个人迹罕至的沙漠,根本没有正常人可以走的路。"

三毛决心已定,根本没有什么能阻止她的理想。她又向当地土著老人请教,老人告诉她,去沙漠的另一端,需要一辆吉普车和一个向导,另外,还需要准备足够的汽油、食物、水……经过粗略估算,如果没有二十七万台币,她根本不可能完成沙漠之旅。

三毛被这个数字吓到了,她和荷西没有这么多钱,即便解决了费用问题,荷西也不会同意她冒险。在现实面前,三毛的理想破灭了。无奈之下,她只能偶尔搭便车,去看海市蜃楼,或者跟着卖水的车,到更远的地方拍照片。除此之外,她就在家等着手续办理好,然后同荷西结婚。

有一天,荷西在外工作,三毛突然接到一份通知,他们的文

| 三毛传 |

流浪是生命的开始

件终于通过了审核,次日下午六点,可以到法院举行结婚仪式。

公告已经发出,他们必须在最短的时间内准备结婚的事。接到这个消息,三毛又气又喜——气的是,她在结婚前一天才知道消息;喜的是,她终于要跟荷西结婚了。他们似乎也不需要准备什么,但为了庆祝,三毛和荷西在当地唯一一家电影院,看了一场《希腊左巴》。

第二天下午,他们要去法院结婚。那天,三毛特意找了一件细麻布长衣服穿上,略旧的长衣带着古朴的气质,让三毛看上去古典优雅。荷西捧着三毛的脸,轻轻地在她的帽子上,加了一把"香菜花",好让他的新娘子被"鲜花"点缀得更加可爱。

结婚,似乎永远离不开戒指,离不开钻石,如果少了这些,总会觉得少了些什么。荷西买不起戒指,更买不起钻石,但他还是为三毛精心准备了一件新婚礼物。当三毛看到那件礼物时,她觉得荷西简直是她的知音:

> 我赶紧打开盒子,撕掉乱七八糟包着的废纸。哗!露出两个骷髅的眼睛来……原来是一副骆驼的头骨,惨白的骨头很完整地合在一起,一大排牙齿正龇牙咧嘴地对着我,眼睛是两个大黑洞。
>
> 我太兴奋了,这个东西真是送到我心里去了……荷西不愧是我的知音。"哪里搞来的?"我问他。
>
> "去找的啊!沙漠里快走死了,找到这一副完整的,

第七章

自由，三毛的流浪，流浪的三毛

我知道你会喜欢。"他很得意。这真是最好的结婚礼物。

他们没有车，走着去法院。还没走到法院，有一个他们不认识的人跑来为他们照相，三毛吓了一跳，问清楚后才知道，很可能是法院为他们准备的惊喜。当三毛走进法院，发现原来整个法院的人都在为他们庆祝。她在文章里写道：

> 走到楼上一看，法院的人都穿了西装，打了领带，比较之下荷西好似是个来看热闹的人。

很快，婚礼开始。

> 我们坐定了，秘书先生开始讲话："在西班牙法律之下……第一：结婚后双方必须住在一起——"
> 我一听，这一条简直是废话嘛！滑天下之大稽，那时我一个人开始闷笑起来，以后他说什么，我完全没有听见。后来，我听见法官叫我的名字——"三毛女士"。我赶快回答他："什么？"那些观礼的人都笑起来……
> 这时我突然发觉，这个年轻的法官拿纸的手在发抖，我轻轻碰了一下荷西叫他看。这里沙漠法院第一次有人公证结婚，法官比我们还紧张。
> "三毛，你愿意做荷西的妻子吗？"法官问我。我知道应该回答——"是。"不晓得怎么的却回答了——"好！"法官笑起来了。又问荷西，他大声说："是。"

| 三毛传 |

流浪是生命的开始

我们两人都回答了问题,法官却好似不知下一步该说什么好,于是我们三人都静静地站着,最后法官突然说:

"好了,你们结婚了,恭喜,恭喜。"

拘束的仪式结束了,三毛和法院的人松了一口气,她立刻将帽子拿下来当扇子用,香菜掉了一地也不管了。法院的人和三毛、荷西握手时才想起来,竟然忘了戒指交换仪式。

这场婚礼,没有家人的现场祝福,也没有华丽的婚礼现场,但却缔结了世间最为坚固的爱情。只要身边有心爱的人,什么环境、什么地点,都不重要了。

出了法院,荷西建议去当地最豪华的旅馆过夜,三毛摇头,不愿意挥霍,只想拉荷西回家。当他们回到家,看到桌子上放了一个精致的蛋糕,荷西的同事来了,为他们送上了祝福。

每个女人都有一场梦中的婚礼,或奢侈,或浪漫,或温馨……总之,没有谁愿意简单朴素、将就凑合。三毛也不愿意,但她却也不在意仪式,她在意的是那个人是否是对的人。婚礼只有一天,婚姻却是一辈子,这一天重要也不重要,重要的是能通过仪式感,更加珍惜今后的生活;不重要的是,如果不是对的人,无论婚礼多么豪华浪漫,终究不会幸福。

追求物质,获得物质;追求幸福,获得幸福。其实,幸福真的很简单。

有你的地方，再破也是家

在医院里，遇到一对老夫妻，丈夫住院，七十多岁的妻子一刻不离身地守在丈夫身边。儿女们劝她去休息，她摇了摇头，满含热泪说："我不走，有他的地方才是家，他在哪里，我的家就在哪里。"一句话，儿女不好再劝，任由母亲陪着熬夜操劳。

三毛有疼爱她的父母，有着不错的家世，嫁给贫穷的荷西，父母自然不会答应。可是，看到三毛对荷西的爱，看到她的倔强，为了她的幸福，只好任由她去。三毛生活太过窘迫，结婚时父母又不在身边，也没准备任何嫁妆，他们心中有愧，给三毛寄来一大笔钱，希望她为那个家徒四壁的房子置办些家具和生活用品。

三毛和荷西在荒漠之上，有了属于自己的第一个家。这个家坐落在阿尤恩阿雍镇坟场区金河大道上。它每个月租金一万西币，没有门牌号，是一个四处漏风、屋顶不全的房子。这对于任何人

流浪是生命的开始

来说，都不能算作一个家，可对于三毛来说，只要有荷西的地方，再破也是家。荷西在哪里，她就在哪里。

在结婚前，三毛很怕一个人独处，没有荷西在，她常常感到无助。她的寂寞令人心疼：

> 有时候荷西赶夜间交通车回工地，我等他将门咔嗒一声带上时，就没有理性地流下泪来，我冲上天台去看，还看见他的身影，我就又冲下去追他。
>
> 我跑得气也喘不过来，赶上了他，一面喘气一面跟他走。
>
> "你留下来行不行？求求你，今天又没有电，我很寂寞。"我双手插在口袋里，顶着风向他哀求着。
>
> 荷西总是很难过，如果我在他走了又追出去，他眼圈就红了。
>
> …………
>
> 他将我用力抱一下，就将我往家的方向推。我一面慢慢跑步回去，一面又回头去看，荷西也在远远的星空下向我挥手。

三毛对荷西有依赖，他十分欣慰和开心。可他又十分难过，心爱的女人离开他会寂寞，他很难不心疼。可没有办法，他为了养活她，必须去工作。他们结婚了，他即使很努力，也只能给她一个不像家的房子。

第七章

自由,三毛的流浪,流浪的三毛

荷西将三毛抱进新房,对她说:"这是我们的第一个家,我抱你进去,从今以后你就是我的太太了。"

三毛打量这所房子,进门,有一条短短的走廊,走廊面上有一个大洞,可见天空。走廊尽头,共有两间居室,另有厨房、浴室。浴室有抽水马桶和洗脸池,但没有安装水箱。在沙漠里,水比油还要贵重。水泥地高低不平,空心砖砌的墙壁,没有石灰,保持了天然原生态的模样。屋顶上吊着一只很小的灯泡,电线上爬满了黑压压的苍蝇。墙的左上角,有一个洞,风从洞口不断吹进室内,晚上睡觉时,会冷得冻醒。

荷西问三毛:"这幢房子怎么样?"三毛高兴地说:"很好,我很喜欢,真的,我们慢慢来布置。"

一个女人,到底要有多少爱才肯嫁给一个一无所有的男人。那些吃苦的幸福,在许多女人眼里,不过是一首歌的浪漫,如果变成现实,怕是只有怨气与痛苦了吧。

三毛的父母,给了她一笔钱,希望她置办生活用品和家具。对于这笔钱,荷西却希望三毛存进银行。他有自尊,无论什么时候。他承诺过要养她,他就要做到。

结婚后,荷西把所有的薪水全部交给三毛,三毛用这些钱,买了冰箱,一只冻鸡,一个煤气炉,一条毯子。沙漠白天温度极高,晚上又会降到零度以下,他们新婚的第一个夜晚,两个人在地上铺了一块帆布当作床,三毛缩在睡袋里,荷西裹着毯子,将就了一夜。

| 三毛传 |

流浪是生命的开始

第二天,他们去市政府申请送水。在去市里的路上,他们又置办了一些物品:粗草席、一口锅、四个盘子、刀叉、扫把、刷子、衣夹、肥皂,以及油米酱醋糖等。本来,三毛还想买一个床垫子,但买了垫子就必须要买一张床,这里床垫价格昂贵,不是他们所能承受得起,于是只好作罢。

一桶汽油,需要九十块西币,而买水则要在将近五十摄氏度的沙漠里,亲自去提:

> 灼人的烈日下,我双手提着水箱的柄,走四五步,就停下来,喘一口气,再提十几步,再停,再走,汗流如雨,脊椎痛得发抖,面红耳赤,步子也软了,而家,还是远远的一个小黑点,似乎永远不会走到。

一对苦命鸳鸯,明明可以生活在文明的大都市,偏偏要生活在荒无人烟的大沙漠。有些苦,是三毛主动去吃的,为了理想,她愿意放弃物质的享受。而荷西则是为了三毛,愿意放弃一切。

三毛说:"我爱你,没有什么目的。只是爱你。"她爱他,愿意嫁给一无所有的他。为了心爱的男人,十指不沾阳春水的三毛,做起了主妇。三毛做的第一道菜是粉丝煮鸡汤。粉丝是中国特有的,荷西自然没有见过。当他问三毛这是什么的时候,三毛给他解释说这是高山上的第一场春雨,被一根一根冻住了。有了一番浪漫的解释,加上是他没有尝过的新花样,荷西吃得赞不绝口。

第七章

自由,三毛的流浪,流浪的三毛

三毛布置着家,学着做菜,她爱干净,经常将窗子擦得一尘不染。对于许多家庭主妇来说,这是再辛苦不过的工作,可三毛却说:"几只洋葱,几片肉,一炒变出一个菜来,我很欣赏这种艺术。"

是艺术吗?三毛每次做饭,都要向邻居借来铁皮炉子,往里面添柴,然后再蹲在炉前扇火。浓烟呛出了她的眼泪,她在烟雾里炒出一盘又一盘菜。在这个物资匮乏的沙漠里,生活的贫瘠几乎很难用艺术来形容,可三毛却热爱这样的生活。无论贫穷与富有,都是欣赏艺术的不同视角。她说:

"我很高兴我有了归宿,我太幸福了,许多人一生只活一次,但我活了许多次不同的人生,这是上帝给的礼物。我从来没有跟荷西吵过架,将来也不会吵,心情很平静,是再度做人了,我要改的地方很多,我都改掉了。这块顽石也被磨得差不多了。"

姑娘们常说,他爱我,就要接受我的一切,包容我的缺点。可是,你爱他,难道不该为了对方变得更好吗?爱不是一方的包容与纵容,而是双方相互成全。三毛因为有了荷西,心情变得平静,也磨去了诸多棱角,她甘心甘愿,从来不像普通女子,向爱人索要包容与大度,不能包容自己的缺点,就认为不爱。

如果荷西的爱,是拿命换的惊天动地,三毛的爱,则是为了爱而改变的细水长流。爱不是说了多少甜言蜜语,而是为对方改变了多少。我们都在改变中越来越好,无论婚姻、爱情、事业……这是最好的成全,不仅成全了对方,也成全了自己。

你是独立的,我亦是自由的

女人步入婚姻后,往往会回归家庭,变成家庭主妇。这似乎是世界上最简单的职业,不需要赚钱养家,也不用面对复杂的人际关系,只需要将家务做好,饭菜端上桌,就成了一个合格的家庭主妇。"你负责貌美如花,我负责赚钱养家",这是多少女人最爱听的情话。然而,生活是现实的,当女人回归家庭,往往又容易出现被抛弃的结局。其实,男人口中的"貌美如花",不仅仅特指脸蛋,还指心灵,如果婚姻把心灵磨得越来越干瘪,女人也会变得不再喜欢镜子里的自己。

在这一点上,三毛说:"我不是妇女运动的支持者,但是我极不愿在婚后失去独立的人格和内心的自由自在化,所以我一再强调,婚后我还是'我行我素',要不然不结婚。"

荷西有一份可供养家的工作,他是独立的;三毛虽然成了家

第七章

自由,三毛的流浪,流浪的三毛

庭主妇,但却保持着精神独立和自由。曾经在台湾,她用陈平的名字发表了数篇散文和短篇小说,之后,她又用真名发表了《雨季不再来》等一系列作品。一时间,她名声大噪,成为台湾知名的作家。

在中国,三毛是收入颇丰的作家,靠稿费可以生活得不错。可在撒哈拉,她却生活得极为贫困,连像样的家也没有。在那样艰苦的条件下,三毛没有停下手中的笔,她当家庭主妇那段时间写下了不少作品。

在沙漠中,三毛不再是从前的三毛,她在笔名上,也有了新的打算:"写稿的时候还不知道该用什么名字,我从来不叫三毛,文章写好后,就想,我不是十年前的我了,改变了很多,我不喜欢用一个文绉绉的笔名,我觉得那太做作,想了很多,想到自己只是一个小人物,干脆就叫三毛好了。"

1974年5月,三毛在沙漠里写下第一篇作品——《中国饭店》(后改名为《沙漠中的饭店》)。

在这里,并没有中国饭店,三毛所指的饭店,是她和荷西的家。在家里,三毛创作着艺术菜品,她将这些日常真实地记录了下来,体验着文字的艺术。虽然菜品简单朴素,可对于他们两人而言,却是美味佳肴。

三毛的文章,多是纪实散文,可能写得并不深刻,但在琐碎的日常中,却能触摸到生活的温度。她从来没有想过,这样简单

| 三毛传 |

流浪是生命的开始

的文章能够发表,当她知道自己这篇文章发表后,抑制不住狂喜,第一时间与荷西分享了这件事:

> 十天后,我接到寄至撒哈拉沙漠的《联合报》航空版,看见文章登出来,几乎不相信自己的眼睛,实在是太快了。我拿了这张报纸就走,那时我和荷西还没有车子,可是我实在是等不及了,手拿报纸就往沙漠上一直走,打算走到工地去告诉他,我走到他的交通车会经过的路上,后来,交通车过来了,他看见我就叫司机停车,我往他跑过去,他说:不得了,你已经投中了!我说:是,是,就在这里。他问:你怎么证明那就是你呢?我说:你看那个笔名的字嘛!那真是很快乐的一天,到现在都不能忘记,十年以后,第一次写文章,在沙漠里,只有一个人可以分享,而这个人是看不懂我的文章的人,可是还很高兴,像孩子一样在沙漠里跳舞。

三毛曾经说过"我从来没有被退过稿",这次也不例外。她的任何文字,只要投到报社就可以发表,换成稿费。不得不说,三毛是天生的作家。可写作于她而言,不过是装点蛋糕的樱桃。有了十年后的第一次发表,她信心大增,作品也逐渐多起来。于是,开启了她人生中第二个文学创作期——沙漠文学时期。这个时期,

第七章

自由，三毛的流浪，流浪的三毛

又分为两个阶段：一个是撒哈拉创作阶段，即沙漠文学时期一；另一个是加纳利群岛创作阶段，即沙漠文学时期二。

三毛的撒哈拉作品，主要收录在她的《撒哈拉的故事》一书中，共计十二篇，相继收录了《结婚记》《悬壶济世》《娃娃新娘》《荒山之夜》《沙漠观浴记》《爱的寻求》《芳邻》等文章。1976年，《撒哈拉的故事》由台湾皇冠出版社出版。此后，该书一版再版，至今仍是畅销的文学作品。

简单的日常、生活的小乐趣、绝世的爱情，她的点点滴滴为台湾的读者津津乐道。《撒哈拉的故事》出版后，在台湾引起了不小的轰动，三毛成了真正意义上的畅销书作家。关于自己的作品，三毛曾说：

> 很多人看了我的书，都说：三毛，你的东西看了真是好玩。我最喜欢听朋友说"真是好玩"这句话，要是朋友说：你的东西有很深的意义，或是说——我也不知怎么说，因为很少朋友对我说这个，一般朋友都说，看你的东西很愉快，很好玩。我就会问：我写的东西是不是都在玩？他们说：是啊。前不久我碰到一个小学四年级的小朋友，他说：你的东西好好玩。我觉得这是一种赞美。

有些作家的文学作品追求深刻的意义，披露人性的种种；有

流浪是生命的开始

些作家希望给读者美的享受；而三毛更希望读者觉得她的作品好玩。她不求深刻，只求简单、质朴。有一次，一位画家接受采访，有人问她："你的作品总是充满生活趣味，只有生活和美的部分，难道你不喜欢追求深刻吗？"画家回答说："人生已经够惨烈了，我们为什么还要花时间去欣赏更惨烈的东西？"

三毛的人生足够深刻，可她愿意追求简单，把艰苦生活里的美呈现出来。经历过痛的人，不愿意去回味和品味那痛；相反，经历少的人，才渴望沉淀出人生的意义。

当然，这并不绝对。每个人都有着不同的价值观，只是对三毛而言，她以不乐观为底，写出了乐观的作品。这是她自信的来源，是她守护爱情和生活的证据，是她的一切。

人人都有嫉妒心

有时常常想,人的善和恶是怎么来的?《三字经》说:"人之初,性本善。"可是有人不同意这样的观点,因为小孩子在未开化以前,常常会踩死蚂蚁,弄伤小虫,因此,人之初,应该是性本恶。

看似很有道理,但却没有解答问题:人的善和恶是怎么来的?为什么小孩子有踩死蚂蚁的冲动?为什么人有善的冲动?

以人的角度来讲,善和恶都是自己的本能需求。至于选择哪一方,完全在于哪一方获益更多。小孩子在踩死蚂蚁中获得了乐趣,便会不珍惜生命;当我们认为生命高于一切时,珍惜生命对我们更有利,于是选择了善。

人本清净,因思量才生出善与恶。很多人说,我并没有思量,但本能就去做了。佛说,弹指一挥间,有九百六十个意识在转动,但我们自己并不知道,所以任何冲动,不过是九百六十个意识中

| 三毛传 |

流浪是生命的开始

的一个。

　　三毛的家布置得越来越艺术了，有些物品是她拾荒拾来的。她每天游走于垃圾场，在那里发现着生活之美。她收集了各种各样的汽水瓶，把这些瓶子涂上不同的颜色，做成了小小的艺术品。她把废弃的棺材板用来做沙发，把从坟场捡来的石像当装饰，众人眼中的废品，经三毛的手变成了艺术品。

　　有一天，家里来了两位客人，他们慕名而来。此时，三毛的家，已经成了远近闻名的处所了。他们其中一位抱着一大束天堂鸟，三毛见到后，十分喜欢。当他们决定将一尊淡红色的鸟像石雕买下时，三毛决定送给他们。

　　有了花，三毛有了别样的心境。她做完一天的家务后，会在惬意的午后为自己泡一杯咖啡，静静地阅读朋友从台湾寄来的书，然后等荷西回家，和他一起享受生活之美。

　　三毛喜欢天堂鸟，荷西就给他买天堂鸟。后来，三毛每周都能收到一大捧天堂鸟。在其他人看来，这是丈夫对妻子的爱，可是三毛却疑惑了。天堂鸟是在沙漠中十分昂贵的花，他的薪水并不多，不可能每周都能买花给她。有一天荷西下班又带回来天堂鸟，她质问荷西花从何处来，他无所谓地说，这是他的同事马诺林送给她的。

　　傻乎乎的荷西不知道男人送女人花是什么意思，可是三毛懂得。面对如此昂贵的礼物，三毛决定和当事人见面。如三毛所料，

第七章

自由,三毛的流浪,流浪的三毛

马诺林爱上了三毛,他承诺不会破坏三毛与荷西的感情,可三毛还是拒绝了他的好意。三毛希望他不要再送花来,她对荷西一如既往,任谁也不能破坏他们的情感。在荷西一无所知的情况下,三毛独自解决了第三者的问题。

荷西是一个大方的男人,他总是好心地帮助所有人,也会把钱花在邻居身上,他的善良如果不加以管制,他们的生活将难以为继。三毛控制着荷西的薪水,每次需要花钱时,荷西需要向三毛申请。表面上看来,三毛是为荷西着想,其实三毛默默地起了嫉妒心。

荷西长得高大帅气,身边常常有女人围绕,这让三毛很没安全感。有一次,三毛和荷西应邀去参加一场酒会,三毛却怎么也找不到自己的高跟鞋了。正在三毛一筹莫展时,她看到鞋架上有一双脏兮兮的尖头沙漠鞋。

记忆力惊人的三毛一眼看出,这鞋子是邻居姑卡的。她气冲冲地到姑卡家中要鞋,可姑卡并不承认自己偷走了鞋子,三毛气急败坏地责令她必须翻出来,她才说有可能是妹妹把鞋穿走了。第二天姑卡来还鞋子时,鞋子已经被糟蹋得不成样子。

当地人把三毛的家当成了超市,有什么东西直接拿走,从来不会打招呼。她生气地冲姑卡吼:"除了我的'牙刷'和'丈夫'之外,还有你们不感兴趣不来借的东西吗?"

当然,在这些女人当中,还真有一位对荷西动了心。她叫蜜

流浪是生命的开始

娜，是一个活泼美丽的姑娘，她身材婀娜多姿，许多男人见了都对她一见钟情。在这里，一个男人可以娶多个妻子，当地的女人认为荷西再拥有一位妻子没什么，便明目张胆地对荷西展开攻势。每次三毛和荷西在家吃饭时，蜜娜就会在窗户边上喊荷西去她家修东西，三毛见状气呼呼地按住荷西，并把菜倒到他碗里，强迫他吃完所有的饭才能出去。

两人眉来眼去，荷西认为没什么，但三毛却清楚地知道蜜娜对荷西的爱。在三毛的防卫下，蜜娜终于嫁人了，大度的三毛还送了蜜娜一块布料作为结婚礼物。

荷西爱三毛，可他也爱着周围的邻居，虽然爱的方式不同，但这种爱让三毛嫉妒。我们每个人都不够有安全感，即使荷西那么爱三毛，她依然没有安全感。

人为什么会善，因为有安全感，有恻隐之心；人为什么会恶，因为想拥有更多，想守护自己所拥有的……

人之初，性本善，这是千古不变的道理。这个"初"，不是从孩子算起，是道生一，一生二，二生三，三生万物的最初……是性本清净的最初。一生出二，才有了善与恶；自性生出思量，才有了善与恶。

当然，也有了世间八万四千种情绪……

哭泣的骆驼

三毛在撒哈拉,邻居总是让她伤心,她说:"我们在这一带每天借送无数东西给撒哈拉威邻居,但是来回报我的,却是一个穷得连身体都不属于自己的奴隶。之比《圣经》故事上那个奉献两个小钱的寡妇还要感动着我的心。"

三毛和荷西在撒哈拉沙漠住了一年左右,之后从坟场区搬到了阿雍镇上。与他们为邻的是撒哈拉威人。这里的人看似邋遢肮脏,实则多半有正当职业,加上西班牙政府的补助,是地道的有钱人。还有的家庭拥有大批羊群,或者在镇上做着生意,收入都十分可观。

明明是有钱人,却喜欢来三毛家借东西:一个灯泡、一把青菜、一瓶汽油、一副刀叉……只要家里有的,总能被他们借走。"借"是他们来拿东西的借口,他们往往拿走不还,等于把东西文明地"抢"去了。然而,三毛没火柴,向邻居家借火柴时,他们却不

流浪是生命的开始

肯将自家东西借出来。如果三毛据理力争,辩论她曾经借给他们东西,他们就会认为她伤害了他们的骄傲。三毛只好作罢,与当地人保持着一定的距离。

一个偶然的机会,三毛被邀请到镇上一个财主家吃饭。她不认识财主,也不想奉承财主,不知道他为什么要请自己吃饭。而她之所以答应这次邀请,是因为财主太太的弟弟阿里是三毛的朋友,虽然极不情愿,可一想到驼峰、驼肝肉便没禁住诱惑。

在一片喧闹声中,宴会开始了。三毛看到,一个还没有板凳高的孩子端着烧火炉走进来,之后开始言听计从地服侍在场的主人和客人。小孩子彬彬有礼,从茶水到礼节,再到贴心地为客人串肉,无一不妥帖细心。三毛正感动于他的劳动付出时,突然有一位西班牙太太大叫起来:"天啊!这个根本没法吃啊,我要吐了!赶紧拿汽水来!"

一个孩子为大人忙前忙后,大人却埋怨孩子照顾不周,难道大人还不如一个孩子吗?三毛见到当地人如此对待一个孩子,十分气愤,很想为他赢得尊重。可是,当地人说,这个小孩子是这里的奴隶,他们一家都是奴隶,而且要世世代代在这里为奴。

三毛以为沙漠是自由的,却不曾想到这里却有最大的不自由。当地人会用武力把黑人抓起来,打晕后绑到自己家里,然后宣布黑人是他们的奴隶。这些黑人当然不情愿,但财主会想方设法把黑人的家人绑起来以此威胁,这样,黑人就彻底变成了奴隶。他

第七章

自由，三毛的流浪，流浪的三毛

们的身体、心灵，一切都属于财主，也可以被财主们随意买卖，几乎没有自主权。

三毛临走时，发现了小黑奴，她跑到他身边，将两百元塞到他手里，并对他说了句"谢谢"。她感谢他的付出，感谢他的细心招待，可三毛也知道，这点儿钱并不能解决他们的问题。面对成群的奴隶，三毛找到了法院的老秘书，并说出了她的想法，希望通过法律的途径为奴隶们做些什么。老秘书摇摇头，政府只能对撒哈拉威人采取安抚措施，法律并不能起任何作用。

小黑奴的父亲哑奴来还钱，三毛执意让他把钱收下，并声称这是小黑奴劳动的回报。三毛还请他们来自己的家中做客，给他们喝冰冻橘子水，吃软面包和鸡蛋。在这里，奴隶是不能进三毛家的，可三毛认为人人平等，他们理应享受客人待遇。在这个冷酷无情的地方，三毛没有与当地人成为朋友，却与哑奴成了好朋友。

哑奴来三毛家次数越来越多，最终被邻居发现了，他们对三毛夫妇产生了敌意，甚至警告他们远离身份卑微的人。三毛一生崇尚自由，对于这些没有自由的人，她心痛但又无能为力。她以为，她对他们好，他们就能暂时获得温暖，却不知道她的行为却害了他们。

三毛一直想尽办法，让哑奴一家获得自由。她想过为他们赎身，可这笔费用数目太大，她实在无能为力。

突然有一天，姑卡告诉三毛："快来看，哑巴被卖掉了，现

| 三毛传 |

流浪是生命的开始

在正要走了。"

三毛不明白他为什么被卖,她气喘吁吁地跑到财主家,看到他已经被绑到吉普车里。她大声呼唤着哑奴,他却低着头,不再看她一眼。

三毛发现,他咬着嘴唇,使劲地控制着情绪。人心都是肉长的,没有谁会像这帮财主一样冷酷无情。三毛匆匆跑回家,把仅有的积蓄全部拿出来,又带了一条毯子,她抱着这些东西一股脑地塞到了哑奴怀里。

哑奴看到钱和毯子,突然从车上跳下来朝家的方向跑去。他要把这些东西给留给他的家人。此次分别,怕是今生都不会再见,即使被财主打,他也要把唯一的钱和物品送给家人。

哑奴的家,是一个帐篷,里面破旧不堪。他跑回"家",绳子早已在奔跑的路途中被扯断,他抱着妻子和孩子呜呜地哭了起来。面对生离死别,三毛难过得不能自已,但当地人却把哑奴强行往吉普车上拽。

当吉普车开走,三毛知道再也不能救回哑奴了。一瞬间,她仿佛回到了自闭的那一年,这个世界太过无情,她就像小时候一样对于自由无能为力。原来,真正的自由并不是游走四方,也不是任凭灵魂飘荡,而是有能力应付世间一切不公平、不平等。

姑卡是三毛的邻居,是一个十岁的小女孩,也是三毛的好朋友。在当地,男子可以娶很多个妻子,所以一些贫苦的人会把自

第七章

自由，三毛的流浪，流浪的三毛

己的小女儿嫁给有钱人，希望能从这样的婚姻中为家族获得利益。很不幸，三毛的朋友姑卡，成了利益的牺牲品。

她蜷缩在角落里，看男人们跳舞庆祝，泪水早已哭花了精致的妆容，她试图逃脱这样的命运，可等待她的却是被无情地强暴。或许应该说，这是她丈夫的权利，可她到底是一个只有十岁的小女孩。

在这里，最让三毛念念不忘的是一位叫沙伊达的漂亮女子。她是沙漠里为数不多受过高等教育的女人，她的丈夫叫巴西里，还有一个可爱的儿子。巴西里是一个间谍，他怕自己的行动伤害到孩子和妻子，便决定隐瞒他们的婚姻，孩子也被送到了孤儿院。

沙伊达十分貌美，令当地的男人垂涎欲滴。后来，巴西里落入了摩洛哥人的圈套被杀害，而流氓阿吉为了占有沙伊达，污蔑她是给摩洛哥人通风报信的叛徒。

撒哈拉威人知道了此事，愤怒地将沙伊达绑起来，进行了民族审问和裁决。最终，沙伊达被判死刑。

行刑前，几乎当地所有男人都想强暴沙伊达，三毛得到消息后，发疯似的跑到行刑广场，本想解救她，可她被当地女孩拦了下来。那女孩告诉她，如果她强行阻止男人们施暴，她自己也会葬身其中。

三毛再一次无能为力，只能眼睁睁地看着一个女人被残酷地变成一个"工具"。突然，人群中一阵枪响，人群一哄而散，广场上只留下了两具尸体和一片弹壳。女人的尸体，当然是沙伊达，

| 三毛传 |

流浪是生命的开始

而那一具男性尸体,三毛认得,他是巴西里的弟弟鲁阿,他为了救嫂子,献出了自己的生命。

三毛在广场上呆立了好久,人的无情让她发冷。她不愿意相信,刚刚还是鲜活的生命,转眼就变成了一具尸体。战争早就开始了,可她还是不愿意离开这片土地。其实,她对人性早就失望,她对这片土地的留恋,就像她对身体的留恋,她逃到哪里不一样?哪里的人不无情?三毛写道:

> 我蹲在远远的沙地上,不停地发着抖,发着抖,四周暗得快看不清他们了。风,突然没了声音,我渐渐地什么也看不见,只听见屠宰房里骆驼嘶叫的悲鸣越来越响,整个的天空,渐渐充满了骆驼们哭泣着的巨大的回声,像雷鸣似的向我罩下来。

每个人,似乎都是待宰的骆驼,都一样无力无助、任人宰割。在被宰之前,骆驼流下了最后一滴泪,它不是恨人的无情,也不是为自己的生命惋惜,它只是难过再不能与家人相聚。

骆驼哭了,然而,没人在乎那泪。一把大刀架住脖子,几人绑住它的手脚,只觉身体一阵冰凉……慢慢地,它连泪也没了。

永别了，撒哈拉

人间冷暖，哪里都一样。大漠无情，哪里的人，又有情？佛说，我们是有情众生，可有时候，却又不知道那"情"丢到了哪里。不过，人到底是有情的，有爱情、友情、亲情……即便无情，那也是情的一种。

三毛在无情的大漠做了许多梦，人性的残酷，并没有把她的梦打碎。她来到这里，不是为了经历人性，而是为了在这片土地上探索下去。只是她没想到，这片土地彻底待不下去了。

有一天，荷西回到家中，告诉三毛，公司外围墙上写满了血字，上面写着：

——西班牙狗滚出我们的土地——撒哈拉万岁，游击队万岁，巴西里万岁——不要摩洛哥，不要西班牙，

| 三毛传 |

流浪是生命的开始

民族自决万岁——西班牙强盗！强盗！凶手！——我们爱巴西里！西班牙滚出去——

在战争即将来临，或已经来临时，每个人都觉得跟自己没关系。三毛也不相信，战争真的会危害到她。三毛有一篇文章，叫《哭泣的骆驼》，她借助"骆驼"的符号来记述沙漠的战争。她写道：

> 报上天天有撒哈拉的消息，镇上偶尔还是有间歇的不伤人的爆炸。摩洛哥方面，哈珊国王的叫嚣一天狂似一天，西属撒哈位眼看是要不保了，而真正生在它里面的居民，却似摸触不着边际的漠然。
>
> 沙是一样的沙，天是一样的天，龙卷风是一样的龙卷风，在与世隔绝的世界尽头，在这原始得一如天地洪荒的地方，联合国、海牙国际法庭、民族自决这些陌生的名词，在许多真正生活在此地的人的身上，都只如青烟似的淡薄而不真实罢了。
>
> 我们，也照样地生活着，心存观望的态度，总不相信，那些旁人说的谣言会有一天跟我们的命运和前途有什么特殊关联。

镇子上的人在战争中，依然不愿意相信，那些陌生的词语跟

第七章

自由,三毛的流浪,流浪的三毛

他们有什么关系。当轰炸越来越厉害,扩音器里没日没夜地广播疏散西班牙的人的通知,她这才感觉到,撒哈拉再也待不下去了。

荷西越来越忙,他在公司里帮助军队整理需要撤走的军火和其他军事用品。一个人在家的三毛,在夜里也不敢开灯,很怕自己的家成为下一个袭击的目标。在黑暗中,她听到坦克轰隆隆地从街上走过,家里的瓶子和工艺品因震动掉到地上,摔得粉碎。

三毛听着这些声音,心也跟着一并碎了。荷西托朋友帮她订了离开这里的机票,她必须在最短的时间内动身。可是,她多么希望留在这片土地上,这里有她的爱,有她的乡愁,有她爱的荷西……

没多久,三毛听到了敲门声,荷西的朋友来了,他来送她去机场。他帮三毛把行李搬上吉普车,匆匆地带她走了。她来不及看自己的家一眼,来不及再看这里的荒漠一眼,一切都来不及了……

1975年10月30日,三毛登上了离开撒哈拉的飞机,三年零八个月的沙漠生涯彻底结束了。当飞机越飞越高,三毛在《哭泣的骆驼》中写道:

> 我呆望着向后飞逝的大漠,听见荷西那么说着,忽而不知怎的想到《红楼梦》里的句子:"看破的,遁入空门,痴迷的,枉送了性命,好一似,食尽鸟投林,落了片白茫茫的大地真干净!"我的心里竟这么的闷闷不乐起来。

| 三毛传 |

流浪是生命的开始

当飞机越飞越高,撒哈拉渐渐模糊,倒真是变成了一片白茫茫的大地,真干净啊!可地上的人,依然在痴迷地枉送着性命。那短暂的干净,不是真相,也是真相。多少人,在平静之下暗流涌动,与这飞机上短暂的宁静有什么区别?这不是第一场战争,也不是最后一场……

三毛满心期望地来了,最终失望地走了。她犹记得她来时的景象:

> 我举目望去,无际的黄沙上有寂寞的大风呜咽地吹过,天,是高的,地是沉厚雄壮而安静的。
> 正是黄昏,落日将沙漠染成鲜血的红色,凄艳恐怖。近乎初冬的气候,在原本期待着炎热烈日的心情下,大地化转为一片诗意的苍凉。

开始,就是结束。永别了,撒哈拉。

大加纳利群岛，一个没有梦想的地方

世上有一种人，只为自己而活，三毛就是这样的人。她想要流浪、自由，想住在梦想中的撒哈拉。无论她如何努力，最终都离开了梦中的地方。在撒哈拉，她活得快乐，即使没有像样的房子和食物，还有一堆令人不安的邻居，她依然爱着。当她来到西班牙在北非的另一块殖民地——大加纳利群岛，她失去了精神，整日变得神经兮兮。

大加纳利群岛与撒哈拉只有一线之隔，它气候温和，物产丰富，宜人的环境让这里聚集了许多养老的人。为了帮助更多人撤离，荷西留在了撒哈拉，奋斗在撤离的一线上。三毛在大加纳利群岛虽然性命无忧，却无时无刻不在担心着撒哈拉的荷西。

与荷西相处三年，他们从来没有分开过。短暂的分离让三毛极不适应，一时间她变成了一个神秘兮兮的人，整日念着从四处

| 三毛传 |

流浪是生命的开始

学来的咒语,祈祷着荷西能尽快回到她身边。三毛在等荷西的时光里,不仅内心焦灼不安,身体也因压力出现了问题。她说:"我每天抽三包烟,那是一种迫切的焦虑。夜间不能睡,不能吃。这样等到十五天,直到等到了荷西,以后身体忽然崩溃了。"

十五天后,三毛终于等来了爱人荷西,可她却失去了所有的活力。她面如白纸,在爱人面前虚脱成一团。三毛曾是一个自闭少女,希望全世界都忘记她,她不想被关注,被指指点点,甚至不希望别人关心她,陪着她;如今,她怕被遗忘,怕失去,她要荷西的爱,要荷西关注她,陪在她身边。

荷西来了以后,并不想放弃撒哈拉的工作,他想回到原来的工作岗位,但三毛已不能没有他,希望他能留在大加纳利群岛。

既然决定在这里定居,首先要有一所可供居住的房子。他们把家选定在人称"小瑞典",远离繁华都市的海边社区。这个家三毛十分满意,甚至赞不绝口:

> 他下午五点到,我们六点已租好一幢美丽的房子,在海边(荷西不能缺水),合同签好,一日旅馆费也不花,住进一幢美梦中的洋房,完完全全有家具,连墙上的画都布置好,有一大厅、一卧室、一小客房、小浴室,大窗对着海,家具用品应有尽有,有一小园子。这是一个海边的社区,远市城市,完全是几百千幢小平房造在

第七章

自由,三毛的流浪,流浪的三毛

> 山坡上,居民有四十多种国籍,街上白天不见人影,幽静高尚,不俗,人也高尚极了,是个人间天堂,许多老年人(北欧)在此终老,此地四季如春……

有荷西的地方就有家。荷西未来之前,三毛焦虑、痛苦,一点儿也不想在这个地方待下去。当荷西来了以后,这里立刻变成了人间天堂。如今的三毛,有荷西的地方,地狱也是天堂;没有荷西的地方,天堂也是地狱。

荷西最擅长的工作是潜水,理想是在海上漂流。现在来到了大加纳利群岛,他正好可以找一份潜水的工作。但是一个月过去了,他始终没能如愿。住在这里,租了昂贵的洋房,他们的物质生活捉襟见肘,为了改善拮据的生活状况,他们甚至每天去钓鱼。如果没有海货,两人就每天一顿面条充饥。

在十分窘迫的情况下,三毛给蒋经国先生写信,希望他能在台湾帮助荷西找一份工作,但三毛收到的回信是,荷西所从事的工作在台湾也不好找。

为了填饱肚子,荷西再次回到了撒哈拉,回到了原来的工作岗位。因为战乱,公司已经很难找到工作人员,他们给他的报酬是之前的几倍。荷西被薪水打动,极力说服三毛,才又回到了撒哈拉。

荷西走后,三毛整日惶恐不安。一方面,她离不开荷西;另

流浪是生命的开始

一方面,撒哈拉正处于战乱时期,荷西的生命每一秒都遭受着威胁。台湾作家心岱,在她的三毛访问记中,表达了她的看法:"尽管分离短暂,但战乱之中,谁对自己的生命有信心?荷西每一趟回家,对她就像过一个重大的节日。在确定的两天之前,她就兴奋着,而他一回来,立刻跪在她面前,抱着她的腿,他不愿她看见他的眼泪,把头埋进她的牛仔裤里不肯起来。"

三毛不需要钱,也不需要过富足的生活,这种担惊受怕的日子她过够了。她希望把荷西抓在手里,一秒也不再离她而去。三毛为荷西担心,却忘记了关心自己。一次下午出行,精神恍惚的三毛遭遇了车祸,腿骨骨折。为了这次意外,他们花光了荷西赚来的所有的钱。原来该静心休养的三毛再次变得疑神疑鬼。她总是在谈死,不是荷西死,就是自己死。每一个孤独的夜,她总是被噩梦惊醒,吓得不能呼吸。

荷西再一次离开她,她抓着他的手,问他:"荷西,如果我死了,你会怎么办?"

荷西说:"你死了,我也跟着死。"

不得已的情况下,荷西只好辞掉那份工作,开始陪伴三毛。三毛为了生活再次拿起了笔,只为获得维持生存的稿费。这段时间,是她创作最高产的时期,几乎是撒哈拉时期的三倍。长期的失眠、惊恐、写作,让三毛的身体越来越差。她的下体流血不止,营养不良,但她一直坚持着。为了生活,为了爱情,不为别的。

第七章

自由,三毛的流浪,流浪的三毛

生活原本就贫困的他们,却接到了另一个意外消息,三毛的婆婆要来了。婆婆在的日子里,她洗碗、做饭、洗衣服、熨衣服……成了一个地道的老妈子。在父母面前,她一直是一个任性娇气、想干什么就干什么的姑娘,但她即使付出这么多,依然讨不到婆婆的欢心。他们责怪三毛不懂事,不够聪慧,也不够能干。晚上,三毛抱怨她为了别人失去了自己,但在荷西看来,步入婚姻的女人就该如此。即使如此爱三毛的荷西,也没办法在爱人和家人面前做好平衡。世间女子,总是与男人的家人争风吃醋,计较他对家人付出多少,对自己付出多少。事实上,所有的争和计较,只能换来更多的委屈。

那段时间,三毛每天忙于锅碗瓢盆,身心俱疲。一方面,她抱怨着生活的艰辛,另一方面又为没有做一个好媳妇而感到羞愧。她在书中写道:

> 我是一个没有爱心的人,对荷西的家人尚且如此,对外人又会怎么样?我自责得很,我不快乐极了。
>
> 我为什么要念书?我念了书,还是想不开;我没有念通书本,我看不出这样繁重的家务对我有什么好处。我跟荷西整日没有时间说话,我跟谁也没有好好谈过,我是一部家务机器,一部别人不丢铜板就会活动的机器人,简单得连小孩子都知道怎么操纵我。

| 三毛传 |

流浪是生命的开始

三毛是一个有爱心的人,她为了拯救哑奴、姑卡、沙伊达而努力,同样在荷西家人面前尽了儿媳的义务。只是三毛并不知道,婆媳关系是一门大学问,不是做得多,就能得到认同与赞扬。

在大加纳利群岛,三毛过得不开心,她没了自由,也无法再四处流浪……在这里,她是一个作家,一个家庭主妇,为生活而忙碌的"工作者"。

正常的生活,不就是有一个家,有一份工作,偶尔与婆婆拌拌嘴,与老公吵吵架,打打闹闹过一辈子吗?人们喜欢这样的生活,觉得平平淡淡才是真。可对于三毛来说,这平平淡淡的真,让她变成了机器人。

三毛的身体越来越差,她病倒了。为了治疗身体,她不得不回台湾——那个曾经几度伤心的地方,那个有父母的地方,那个与她似乎有点儿八字不合的地方……

然而,相比大加纳利群岛,那个地方挺好的。

第八章

绝望,原来我不能死

即使病了,我也不愿离开你

人吃五谷杂粮,难免一病,生病几乎是每个人都会遇到的事。生病时,人的心灵莫名脆弱,情绪也会大变,令人难以捉摸。俗话说,久病床前无孝子,父母久病,儿女都会厌烦,可见照顾生病的人有多辛苦。

三毛病了,思念荷西成疾,生活、写作、婆媳关系,加上她天生体质差,终于病倒了。荷西很懊恼,总是责备自己,认为他没有给三毛安稳的生活,才导致她出现意外。三毛下体流血不止,为了缓解症状,只好整日躺在床上,以此来抑制血液流出。她缩在厚厚的棉被里,却还是全身发冷,她以为自己要死了,或者被人下了蛊术。

荷西劝她去医院治疗,三毛拒绝了。他们没钱,去医院会花掉他们所有的生活费。病中的三毛整日黏着荷西,脆弱得像一只

| 三毛传 |

流浪是生命的开始

可怜的小猫。当下三毛需要照顾,荷西无法再去找工作,但坐吃山空又无法解决任何问题。为了让三毛的身体好起来,荷西决定让她回台湾疗养。回台湾可以,荷西也必须跟着回去,如若他不答应,三毛就要留在这里等死。荷西不肯,他虽然很想见一见岳父岳母,但强烈的自尊心使他不愿意被人看到他窘迫的样子。

在这个问题上,两个人谁也不肯让步。于是,两个人发生了有史以来第一次争吵。三毛见荷西如此顽固,气呼呼地独自买了回台湾的机票。

在机场,三毛阴沉着脸,以为这样可以改变荷西的想法。直到飞机起飞,三毛也没能等来荷西一句抱歉的话。

送别三毛,荷西终于泪如泉涌。自高中爱上这个姑娘以来,他又如何舍得她离去?只是,生活无奈,他无能为力。可是,他爱她,如果她的身体不好起来,两人又如何白头到老?为了来日方长,一时的别离也不算什么了。

三毛爱荷西。她所做的一切,不过是因为离不开他。冥冥之中,她总认为自己很快会离开这个世界,她珍惜与他相处的每分每秒,只是他从来不懂。

对于荷西没有一同回来,三毛向父母解释说,他们太穷了,只能买到一张机票。

今日的三毛与当初负伤而走的三毛已大不相同。她离开台湾这段时间,凭借《撒哈拉的故事》一书,倾倒了万千读者,三毛

第八章

绝望,原来我不能死

这个名字已是拥有众多追随者的知名作家。她一下飞机,数不清的鲜花、记者、读者,如潮水般涌来。接着,没完没了的饭局和约会,让她像刘姥姥进了大观园,只觉晕头转向,意乱情迷。

三毛本不喜热闹,多年的撒哈拉生活,更是让她成了一个离群索居的姑娘。在无聊的饭局中,唯一一件让她高兴的事情是,她认了老作家徐訏为干爸。

当时,徐訏是十分著名的作家,他写过许多作品,像《鬼恋》《江湖行》《吉布赛的诱惑》《风萧萧》等。其中,《风萧萧》是三毛童年时读的第一本小说,她自然对这位作家爱得不得了。

三毛认了干爸十分兴奋,她几乎跑完了台湾所有的书店,只为找到徐先生的作品。徐先生见她如此有心,对这位干女儿更是喜爱了。此后,他们成了忘年交,一直到徐先生去世后,三毛对他仍然念念不忘。

另一件让三毛开心的事情是,纠缠了她多年的妇科病终于得到了医治。她去医院检查时,西医诊断她可能患上了子宫内膜异位导致的卵巢癌。为了保险起见,她又辗转找到了中医朱士宗医师,他仅用六十粒药丸便治好了她的病。

尽管三毛在台湾十分忙碌,但她却一刻也没有忘记荷西。当她的身体痊愈,第一时间便收拾行囊,准备与荷西会合。

此时,荷西在尼日利亚已经找到一份工作,虽然工作十分辛苦,但仍为自己能赚到钱而开心。他在一家很小的德国潜水公司工作,

| 三毛传 |

流浪是生命的开始

公司老板是一个目光短浅的人,把心思全部放在了压榨员工上。荷西除了拼命干活并没想太多,但薪水迟迟发不下来,他不得不向老板提交辞呈。老板为了让荷西为自己卖命,扣下了他的护照,让他无法离开。三毛看到荷西如此辛苦,对他说:"荷西,中国有句话——士可杀,不可辱——他那种态度对待你们,早就该打碎他的头,一走了之,我不怕你失业,怕的是你失了志气,失了做人的原则,为了有口饭吃,甘心给人放在脚下踩吗?"

当然不会。他们什么苦没吃过,什么难没受过,他们可以对现实无奈,但仍然活得不失志气。得知荷西的遭遇,三毛不顾一切地买下了飞往尼日利亚的机票,亲自与荷西的老板周旋,最终讨回了荷西的薪水。

此时的三毛,不再是那个贫困的姑娘,她靠着版税有了不菲的收入。随着一笔笔稿费进账,她心爱的荷西不用再着急找工作。没多久,荷西在丹娜丽芙岛找到一份新工作,两人的生活终于一点点地好了起来。

一个梦里的地方

你在梦里，去过多少地方？哪些地方，在现实中遇见？又有哪些地方，永远只停留在梦里？在梦里，我们无所不能，无所不会，可以飞，可以跳，可以笑……当然，不是所有的梦都是好梦，我们也常常在梦中被敌人追打，被坏人威胁，甚至梦到死亡……

有人说，梦是预言；有人说，梦是反的；还有人说，梦不过是神经元、脑电波、思虑倦怠、阴阳不交……不管梦是什么，有些梦确实承载了现实，令人无法解释。

1977年，三毛与荷西来到了特内里费岛（三毛译作丹娜丽芙岛），荷西在这座岛上找了一份做人造海滩的工作。他们在这里租了一所宽敞的房子，虽然租金不菲，但两个人都有收入，对现在的他们来说，这并不是什么问题。他们在这里享受人生，过着衣食无忧的生活，是他们自结婚以来，最为愉快的一段时光。

| 三毛传 |

流浪是生命的开始

一年后,荷西的人造海滩建成,这里的游客变得络绎不绝。除夕的晚上,两个人陶醉地依偎在海边,欣赏着美丽的风景。当钟声敲响,荷西让三毛许下新年愿望。三毛望着烟火,开心地重复一个愿望:"但愿人长久,但愿人长久,但愿人长久……"

等钟声敲过,三毛才察觉不对劲,因为下一句是"千里共婵娟"。在新年里许下这样的愿望,她隐约觉得不是什么好事。不吉利的忧虑萦绕在她的心头,她变得有点儿担心起来。

她和荷西紧紧地拥抱在一起,亲吻彼此的脸颊,许久也不肯放手。她怕一放手,她的荷西会离她而去。荷西望着多情的三毛,哄着她说:"好啦!回去装行李,明天清早回家去喽!"

三毛不肯放手,她依然紧紧地抱着荷西,失声地喊:"但愿永远这样,不要有明天了!"

三毛一直有点儿古怪敏感,荷西早就见怪不怪。她总认为,人生短暂,恨不得把他嵌进自己的生命里;他却认为,来日方长,有的是相爱的时间。可荷西并不知道,三毛的神经质有时会成真。

自三毛许下不吉利的愿望以后,没多久,荷西就踏上了"索命之岛"。

日子依旧恬静美好,三毛在院子里晒太阳,悠闲地给花浇水。之前,他们的日子太过清苦,养花是太过奢侈的事。现在,他们的日子好了起来,生活也变得丰富多彩。

一天,三毛正打理着院子,突然,门外有人喊:"Echo,一

第八章

绝望,原来我不能死

封给荷西的电报。"

三毛跑着去拿电报,奇怪的是,她的心跳加速,总觉得有不好的事情发生。当她接过电报,才知道电报的内容是:荷西要去拉帕尔玛岛报到,他有了一份新工作。

一年前,三毛和荷西去过这个岛屿,他们一起去旅游观光。拉帕尔玛岛十分美丽,三毛本来很喜欢,可这里长着一种红色植物,不但形状怪异,那颜色竟似暗红的血。这颜色让她想到了被宰的羊,还有自杀时体内流出的血……她不知道,为什么会将这种植物与死亡联系在一起。

更怪异的是,他们在游玩时,遇到了一位女巫,她莫名其妙地朝三毛与荷西扑来,毫无征兆地拔了三毛的头发和荷西的胡子,之后像念着什么咒语一样离开了。

在普通人看来,这只不过是一个疯子,因为只有疯子才会做出如此怪异的举动。可敏感的三毛,从心底认为一定有什么事情发生。当荷西去这个岛屿一周后,三毛也去了那里。她刚到岛上,就看到两座大火山,这两座火山让她心情沉重,她低沉地对荷西说:"这个岛不对劲儿!"

荷西从不把三毛的神经质当回事,就像许多人不把身边那些敏感的人说的话当回事一样。他把三毛安排进一家旅馆,之后,三毛的噩梦开始了。她在《梦里梦外》写道:

| 三毛传 |

流浪是生命的开始

……这不是唯一纠缠了我好多年的梦,可是我想写下来的,在今夜却只有这一个呢。

我仿佛又突然置身在那座空旷的大厦里,我一在那儿,惊惶的感觉便无可名状地淹了上来,没有什么东西要害我,可是那无边无际的惧怕,却是渗透到皮肤里,几乎彻骨。我并不是一个人,四周围着我的是一群影子似的亲人,知道他们爱我,我却仍是说不出的不安,我感觉到他们,可是看不清谁是谁,其中没有荷西,因为没有他在的感觉。

……

我知道,是要送我走,我们在无名的恐惧里等着别离。我抬头看,看见半空中悬空挂着一个扩音器,我看见它,便有另一个思想像密码似的传达过来——你要上路了。

我懂了,可是没有听见声音,一切都是安全安静的,这份死寂更使我惊醒。

没有人推我,我却被一股巨大的力量迫着向前走。——前面是空的。

我怕极了,不能叫喊,步子停不下来,可是每一步踩都是空的!

我拼命向四周张望着,寻找绕着我的亲人。发觉他们却是如影子似的向后退,飘着在远离,慢慢地飘着。

第八章

绝望,原来我不能死

那时我更张惶失措了,我一直在问那巨大无比的"空"——我的箱子呢,我的机票呢,我的钱呢?要去什么地方,要去什么地方嘛!亲人已经远了,他们的脸是平平的一片,没有五官,一片片白镪镪的脸。

有声音悄悄地对我说,不是声音,又是一阵密码似的思想传过来——走的只有你。

还是管不住自己的步伐,觉得冷,空气稀薄起来了,镪镪的浓雾也来了,我喊不出来,可是我是在无声地喊——不要!不要!

然后雾消失不见了,我突然面对着一个银灰色的通道,通道的尽头,是一个弧形的洞,总是弧形的。

我被吸了进去。

接着,我发觉自己孤伶伶地在一个火车站的门口,一眨眼,我已进去了,站在月台上,那儿挂着明显的阿拉伯字——六号。

那是一个欧洲式的老车站,完全陌生的。

四周有铁轨,隔着我的月台,又有月台,火车在进站,有人上车下车。

…………

——时候到了,要送人走。

…………

| 三毛传 |

流浪是生命的开始

接着我被快速地带进了一个幽暗的隧道,我还挂在车厢外飘着,我便醒了过来。

是的,我记得第一次这个噩梦来的时候,我尚在丹娜丽芙岛,醒来我躺在黑暗中,在彻骨的空虚及恐惧里汗出如雨。

以后这个梦便常常来,它常来叫我去看那个弧形的银灰色的洞,常来逼我上火车,走的时候,总是同样的红衣女子在含笑挥手。

……

有一次,梦告诉我:要送我两副棺材。

我知道,要有大祸临头了。

这个复杂的梦不再是预感,而是直接告诉三毛,真的有大祸临头。她一直以为,要死的人是自己。那个未知的世界,一直有灵魂在接应她,要把她带到另一个地方。当她意识到自己会死去,便更加珍惜与荷西在一起的时光。每次荷西要去工作,或者暂时离开她,她便嘱咐他:"荷西,要是我死了,你一定答应我再娶温柔些的女孩子,听见没有?"

荷西仍然认为三毛在开玩笑,他说:"你最近不正常,不跟你讲话,要是你死了,我一把火把家烧掉,然后上船去漂到老死——"

一切如同魔咒,三毛生活中的一切,似乎都与死亡有关系。

第八章

绝望,原来我不能死

没多久,她接到台湾《读书人》杂志寄来的约稿,题目是:《假如你只有三个月可活,你要怎么办》。

死,死,死……总是挂在三毛嘴边,荷西有时听完也会伤感得流下泪来。每次这时候,三毛就哄他,自己永远不会死,要陪在他身边。说完,才发现原来自己哭得更凶。

荷西不希望三毛再写作,不希望她越来越神经质,不要她再谈关于死亡的事。三毛答应了,只要她的丈夫不喜欢,她就不做,不说。

三毛珍惜着与荷西在一起的时光,把所有心思都放到了他身上。她停笔不写,在家陪他,甚至睡觉时,也要彼此拉着手。

秋天,三毛的父母来欧洲旅行,他们一来想见见未曾谋面的女婿,二来想趁还不老多看看外面的世界。他们在这个岛上待了几个月,对这个西班牙大男孩十分喜爱。之后,父母决定去英国旅行,三毛只好陪同父母而去。

荷西与三毛分开了,他们并不知道,这一次分别,是生死之别。此后,世间再无荷西,再无荷西……

死亡噩耗

有句话说:"越是在意的东西,越容易失去。"于是,人们抱怨老天,为什么要从自己手中夺走心爱之物。事实上,每一天,这个世界上有无数种事物消失、灭绝。不是在意的东西容易失去,而是有太多的失去从来没有在意。而你在意的,正是那万千消失的事物中的一个。

因为在意,他便不是其中一个,而是全世界。相爱的人,本就一体,另一半的离去,等于从自己体内生生剥离,那痛,岂止是心之痛,更有那血肉模糊的身体之痛。

三毛陪同父母来到英国,离开了灾祸之岛,她的心情变得好起来。三毛默默地想,或许她不会那么快与荷西分离。只是她从来没有想到,几日后,收到了荷西的死讯。

1979年7月30日,荷西下海捕鱼,潜入海底后,再也没有上来。

第八章

绝望,原来我不能死

听到这个消息,三毛差点晕过去,她的世界一下子垮掉了。她不相信这条消息是真的,荷西没有找到,说不定还活着。

抱着唯一的希望,她和父母立即赶回了拉帕尔玛岛,并在海上展开搜索。三毛一边寻找荷西,一边向上帝祷告:"我说上帝,我用我所有的忏悔,向你换回荷西,哪怕手断了、脸丑了,都无所谓,一定要把我的荷西还给我。"

既成的事实,无论如何向上帝呼救都无济于事。荷西死了,已经死了。无论她多么不愿意承认,多么悲痛与绝望,最爱的荷西都离她而去了。

后来,荷西找到了。他的尸体被打捞上来,早已被海水浸泡得不成样子。三毛见到后,简直不敢相信,她哭得撕心裂肺,不停地叫着,喊着。她试图唤醒他,想从死神手里把他的灵魂抢回来,可是不管用了,荷西再也听不到了。

荷西,三毛笔下的大男孩、丈夫,他心灵手巧、忠厚老实、心地善良……可是,可是,老天怎么如此狠心,竟将他的生命夺走?

晚上,许多闻讯而来的朋友提出为荷西守灵,三毛执意不肯。夜晚,是属于他们的二人世界,是他与她的悄悄话,是他与她的执手相看。她知道,荷西不允许别人打扰这美妙的夜晚。三毛说:"我不能忍受在他孤独时,有那么多人在我身边陪着他,我要那些朋友暂在外边,我要陪他度过一段时光。荷西睡觉,喜欢牵着我的手,有时半夜翻了身,还要到处找我的手,我轻轻抚摸着,

| 三毛传 |

流浪是生命的开始

仿佛看见覆在荷西身上的床单,一起一伏,荷西在呼吸,荷西没有死。我大声地叫着,他没有死……"

可是,荷西明明是死了,只是,三毛不敢相信。人只有不接受事实,才能一呼一吸地活着,才能靠一口气等待着奇迹发生。不是荷西孤独,是三毛孤独。她从来不怕死,可是她怕一个人,怕没有荷西的日子。他活着时,他离开一秒也会难过;如今他死了,再也不会回来了,以后的那每分每秒又该如何过?

荷西葬礼那天,三毛看到她心爱的丈夫躺在棺材里,她与他做最后的约定:

> 走进去的时候我看到那个棺材里面躺着的人就是我心爱的丈夫,我怎么看都是他实在是没有错呀。但我也没有大哭大叫,我就上去看着他穿着心爱的潜水衣,我就把我的手握着他的手,就像我们平常生活的习惯一样在这样走路时总是拉着手的,我就跟他讲,我说,荷西,以我的经验或者我们共同的经验,好像你死的时候你要经过一个黑黑的隧道,你不要怕,我上有高堂,我有父母我不能跟你一起走,可是你不要怕,我握住你的手,你勇敢地走过去,虽然我不在你身边,你这个隧道过了以后,那边有光,神会来接你,过几年我再来赴你的约会。

第八章

绝望，原来我不能死

我就握着他的手跟他说：要勇敢，要勇敢，没有我的时候你也要勇敢，那讲的时候他已经过世两天了，我不知道为什么，在那个时候，好像他，他不能再告诉我，跟我讲话，可是那时候我讲完那些话的时候，他的双眼里面流出鲜血来。他的鼻子，他的嘴里也流出了鲜血来。我不知道，到今天，我也问过很多学医的朋友们，说这是为什么请你告诉我，人死了不是血液不能循环了吗？他说我们不能解释。我拉住他的手，那么这个歌词里面就有这样的句子说：同一条手帕，擦你的血，湿我的泪，就是潮湿的湿，当时就是我一面擦我的眼泪，一面擦他的血，一面擦眼泪，就同一条手帕跟他这样血泪交融，就好像我们万年前的那个初夜。

荷西的回应，让三毛欣慰。那用血来盟誓的约定，是他对她说的最后的话。三毛以为自己可以坚强，像嘱咐荷西勇敢地穿过黑暗的隧道一样，可当荷西要下葬时，三毛还是崩溃了。她发疯似的痛哭，失去控制般扑向坟墓，想与荷西一同去了。她不允许，不允许有人将他的身体用土掩埋。

此一别，终生再难见！她想再多看他一眼，不，最好永远陪着他。

为了稳住三毛，有人给她注射了镇静剂。药物的作用下，她不再疯狂，但仍悲痛不已。她痛得像心脏要被挖走一般，不知道

| 三毛传 |

流浪是生命的开始

痛为何物了。镇静剂失效了,她痛苦地呼叫:"荷西回来!荷西回来!"

回不来了,他再也回不来了。他带着爱,带着微笑,带着尊严……离开了。一抔黄土,将这所有的一切埋葬得干干净净。

千百年来,没有谁永世长存,最终都会化为一抔黄土,滋养着大地,滋养着万物。生死轮回,谁也无法改变。

永别了!!!

不,不会永别,只是短暂的别离。他们还有约定不是吗?如果,如果她去赴那个约,他们自会再见。

那时,她陪着他,再不分离。

《今世》

听不见 狂吹的风沙里
在说什么古老的故事
那一年 那个三月
又一次 地老天荒

花又开了 花开成海
海又升起 让水淹没
你来了来了 一场生生世世的约会
我不再单独走过秋天

第八章

绝望,原来我不能死

不是跟你说过三次了吗

我是你的天使

不在你身旁的时候

不可以不可以

跟永恒去拔河

你忘了忘了　忘了忘了

那一次又一次水边的泪与盼

你忘了岸边等你回家的女人

日已尽 潮水已去

皓月当空的夜晚

交出了

再不能看我　再不能说话的你

同一条手帕擦你的血　拭我的泪

同一条手帕擦你的血　拭我的泪

要这样跟你血泪交融

就这样跟你血泪交融

一如万年前的初夜

一如万年前的初夜

| 三毛传 |

流浪是生命的开始

亲爱的,让我的灵魂守护你

记得当时年纪小

你爱谈天

我爱笑

有一回并肩坐在桃树下

风在林梢鸟儿在叫

我们不知怎样睡着了

梦里花落知多少

这是一首歌词,讲述了一对青梅竹马的爱情故事。在三毛的作品《梦里花落知多少》中,曾经出现过这首歌词。她一直记得幼年时,没有朋友,没有玩伴,只能去坟场与那些"朋友"玩儿。在那里,她有青梅竹马,有知音,有朋友。

许多年后，当荷西离开世间，三毛每天早上起床后，便去坟场陪伴丈夫。她已经习惯了荷西陪伴的日子，她一刻也离不开他。她从早坐到晚，晚上回去后第二天便再来。在这个阴冷的地方，她总能想起自己的小时候。她同他谈天，陪着他笑，那林中的鸟儿一直在叫。有时三毛睡着了，还会梦到荷西来看她，那梦里，不知道花落了多少。

她并不敢想，荷西就是她的前生今世，更不敢说那幼年的梦里有过他。三毛整天来，守墓人认识了她，每天傍晚，他拿着大铜环，环上挂满了钥匙，走过来对她说："太太，回去吧！天暗了！"

天暗了，他再次把令她害怕的夜晚留给她，可无论她怎么怨，只能回到家中。荷西去世后，她还有许多事情要料理，殡仪馆的费用要结，要去警察局注销荷西的身份证和驾驶执照，去法院申请死亡证明……这些事，父母没办法帮她做，她只能亲自去完成。

处理完所有的事，她没有必要留在这里了。陈嗣庆想带她回台湾，不管她多么不舍，这里都注定成为离别之地。

她与这座岛屿离别，与荷西离别，最终，真的走了。

临行前，她跑到荷西坟前道别。上天真是残忍，连这一点儿念想也拿走了：

> 我最后一次亲吻了你，荷西，给我勇气，放掉你大步走开吧！我背着你狂奔而去，跑了一大段路，忍不住

| 三毛传 |

流浪是生命的开始

停下来回首,我再度向你跑回去,扑倒在你的身上痛哭。我的爱人,不忍留下你一个人在黑暗里,在那个地方,你又到哪里去握住我的手安睡?我趴在地上哭着开始挖土,让我再将十指挖出鲜血,将你挖出来,再抱你一次,抱到我们一起烂成白骨吧!那时候,我被哭泣着上来的父母带走了。我不敢挣扎,只是全身发抖,泪如血涌。最后回首的那一眼,阳光下的十字架亮着新漆。你,没有一句告别的话给留我。

回到台湾,荷西彻底孤独了。三毛日夜思念着荷西,一想到留她一人面临无尽的时光,三毛就难过得恨不得去死。她曾与他许下约定,她会去找他。是的,会的。什么时候?啊,说是要等几年!不不不,等不及了,她心爱的丈夫等不及了……她要立刻,马上,尽快……

时间是一把利刃,凌迟着三毛的心灵。每过一分一秒,她身上便多了一刀。她不知道还有什么力量能使她活下去,她只想随丈夫而去。

三毛再一次沉浸在自杀的念头中,她只想死。陈嗣庆知道她的想法后,悲痛绝望地说:"你讲这样无情的话,便是叫父亲生活在地狱里,因为你今天既然已经说了出来,使我,这个做父亲的人,日日生活在恐惧里,不晓得哪一天,我会突然失去我的女

第八章
绝望,原来我不能死

儿。如果你敢做出这样毁灭自己生命的事情,那么你便是我的仇人,我不但今生与你为仇,我世世代代要与你为仇,因为是——你,杀死了我最最心爱的女儿……"

人世间,最大的痛,便是三毛这般了。她几度自杀,都因为父母的爱而活了下来。如今,她再一次想到自杀,却发现她还是死不起。她失去荷西这样难过,如果她去了,她的父母不也要面临这样的痛苦吗?

与其让别人来承受这痛,那这痛不如就自己忍下。三毛说:

> 荷西去了的这些日子,我完完全全将父母忘了,自私的哀伤将我弄得死去活来,竟不知父母还在身边,竟忘了他们也痛,竟没有想到,他们的世界因为没有我,语言的媒介已经完全封闭了起来,当然,他们日用品的缺乏更不在我的心思里了。是不是这一阵父母亲也没有吃过什么?为什么我没有想到过?

三毛并不自私,总是将别人挂在心上。如果不是为了父母,她早已不在人世。是父母的爱,一次又一次地解救了她,让她去流浪、遇到荷西、成为作家……

一个人,无论遇到多大的坎坷,只要再坚持一下,总能熬过去。三毛,在熬着。多生一秒,就对得起父母一秒;多熬一分钟,

| 三毛传 |

流浪是生命的开始

便离感伤远一分钟……

既然不能死去,那么就让自己的灵魂守护他吧。只要她每分每秒都将他记在脑海里,他就一直在她的生命里。如果爱的人被铭记在心里,那么,死亡不是距离。

就用这最深的思念,让他感受最长久的陪伴。

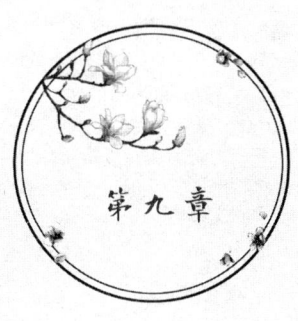

第九章

> 流浪，身体在路上，我才能暂时不想你

哀莫大于心死

身体发肤,受之父母,老天既已给予,我们没有理由损坏。自古百善孝为先,我们对父母最大的孝,不是贴心静守身旁,也不是言听计从、俯首帖耳,而是爱护好自己,让他们心无牵挂。看似最简单的孝,有时做到却最难。

人生在世,难免遇到磕磕绊绊,坚持不下去的时候,能妥善地爱护自己,多么艰难啊!多少人在低谷时,放纵自己、伤害自己,做着令父母担忧的事。可是,天亮了,我们依然要背起行囊重新出发。

在父母眼里,三毛永远是他们心爱的女儿,他们给了她无私的爱,不管她遭遇到多大困难,都会尽力把她留在这个世间。

在父母眼里,荷西不过众多孩子中的一个,他的离开家人固然伤心,但更重要的是,自己活得是否开心。

| 三毛传 |

流浪是生命的开始

荷西遭遇不测,他的家人第一时间赶到了丹娜丽芙岛。亲人离散、生离死别,原本是这世间最大的坎,可是,令三毛不能理解的是,荷西家人的冷漠:

> 我记得那一天,厨房里有油锅的声音,我事后知道母亲发着抖撑着用一个小平底锅在一次一次地炒蛋炒饭,给我的婆婆和荷西的哥哥姐姐们开饭,而那些家属,哭号一阵,吃一阵,然后赶着上街去抢购了一些岛上免税的烟酒和手表、相机,匆匆忙忙地登机而去,包括做母亲的,都没有忘记买了新表才走。

同样做父母,为什么差别如此之大?她心爱的荷西,把她当成唯一,对她倾注所有的爱也是有原因的。这世上,除了三毛,怕是没人如此爱他了。

这样的情感让三毛心寒,更让她心寒的是,他的家人向她索要着财产。

三毛有了版税以后,在大加纳利岛买了房产。荷西去世后,他的家人一直问她房产继承的事。三毛逃避着,她不想荷西刚死,就去处理房产的事,这是对于死者的不尊重。只不过,荷西一家人来,似乎不是为了料理他的后事,而是为了房产。

荷西姐夫逼三毛做决定,婆婆也埋怨他们自结婚以来从没尽

第九章
流浪，身体在路上，我才能暂时不想你

过孝道，他们拿走的并不是荷西的财产，而是属于他们的那份。

妹妹伊斯帖一直与荷西关系不错，她气急败坏地对妈妈喊道："你给我住嘴！你们有钱还是荷西、Echo有钱？"

三毛默不作声，心死如灰。她嫁给荷西，只是因为爱他，如今他已离去，自然不会守着那点儿财产。曾经她以为，父母爱孩子是老母鸡都会做的事，现在看来，并不是所有的父母都像她的父母一样爱着她。

三毛平静地告诉荷西的家人，除了结婚戒指，其余的他们都可以拿走。

三毛说完，婆婆激动的情绪这才平静。突然，公公却激动起来，他大吼了一声："荷西的东西是我的！"

一声怒吼，在场的人都吓了一跳，三毛却笑了。这家人真有意思，为了一点儿财产竟然连亲情也不顾了。

"世人笑我太疯癫，我笑他人看不穿"，三毛从小到大就是活得太清醒，这清醒让她生不如死。她常常幻想，一觉醒来已不在这个世界。

人生如梦，梦如人生，有时她不知道自己是醒着还是睡了。六年后，荷西突然成了风口上的热门人物：有人造谣说，荷西并没死，一个优秀的潜水员不可能死于捕鱼，只是三毛太有个性，两人因感情不和离婚了；有人说，某人在欧洲旅行时见过荷西，并与他握了手；还有人说，这个世界上并不存在荷西这个人，三

| 三毛传 |

流浪是生命的开始

毛也没有结婚,这一切不过是虚构而来……

什么是真相?这个世界上,原本就没有真相,唯一的真相是个体的认知。朋友说,真相有三个,两个人吵架,甲一个真相,乙一个真相,另外一个真相是因果。然而,人的世界里,只有甲乙丙丁的真相,几乎没有"看穿"的清醒。

为了心爱的人,三毛和陈嗣庆一同上电视,公布有关证据辟谣。她能忍受世人对她的不公,对她的污蔑和诋毁,却无法忍受心爱的人遭受一丝一毫的质疑。她不能忍受别人说荷西不存在,她比任何人都期望荷西还活着……

假如,世人真能给她一个活着的荷西……

《说给自己听》

让我说给你听吧

但愿——

醒来 已不在这个世界

去了 去了 不带一支发夹

明天的星星

不是挂在这一边

让我再说给你听吧

第九章

流浪，身体在路上，我才能暂时不想你

从来　知路的候鸟不迷航

去吧　去吧　不要带任何心情

明天的星星

四面八方

让我说给你听吧

让我再说给你听吧——

还好,是我饮下了这杯痛苦的酒

真正相爱的两人,总是争着做最后离开的那个人。这倒不是贪生怕死,也不是舍得对方离开,而是最后离开的那个人一定会承受失去爱人的痛,他不愿将这杯苦酒留给对方,而是甘愿替对方品尝。

许多个夜晚,三毛埋怨老天为什么狠心将荷西带走,她不能忍受没有他的日子,更不能忍受被时间蚕食的痛苦。可是,突然有一天,三毛醒悟了。假如,死掉的真的是她,这杯苦酒换作荷西来喝,她是断然不肯的。还好,还好是她在品饮这痛:

> 许多个夜晚,许多次午夜梦回的时候,我躲在黑暗里,思念荷西几成疯狂,相思,像虫一样的慢慢啃着我的身体,直到我成为一个空空茫茫的大洞。夜是那样的长,那么

第九章
流浪，身体在路上，我才能暂时不想你

的黑，窗外的雨，是我心里的泪，永远没有滴完的一天。

我总是在想荷西，总是又在心头里自言自语："感谢上天，今日活着的是我，痛着的也是我，如果叫荷西来忍受这一分钟又一分钟的长夜，那我是万万不肯的。幸好这些都没有轮到他，要是他像我这样的活下去，那么我拼了命也要跟上帝争了回来换他。"

失去荷西我尚且如此，如果今天是我先走了一步，那么我的父亲、母亲及荷西又会是什么情况？我从来没有怀疑过他们对我的爱，让我的父母在辛劳了半生之后，付出了他们全部之后，再叫他们失去爱女，那么他们的慰藉和幸福也将完全丧失了，这样尖锐的打击不可以由他们来承受，那是太残酷也太不公平了。

要荷西半途折翼，强迫他失去相依为命的爱妻，即使他日后活了下去，在他的心灵上会有怎么样的伤痕，会有什么样的烙印？如果因为我的消失而使得荷西的余生再也不有一丝笑容，那么我便是更不能死。

这些，又一些，因为我的死亡将带给我父母及丈夫的大痛苦，大劫难，每想起来，便是不忍，不忍，不忍又不忍。

毕竟，先走的是比较幸福的，留下来的，也并不是强者，可是，在这彻心的苦，切肤的疼痛里，我仍是要

| 三毛传 |

流浪是生命的开始

说——"为了爱的缘故,这永别的苦杯,还是让我来喝下吧!"

人生的大道理,每个人都懂,但只有亲身经历者,才能懂得那痛,才会想着一死解千愁。那时,三毛尚没从荷西死亡中彻底醒悟过来,整日沉浸在自杀的念头中。她的出版人琼瑶得知三毛悲观厌世后,跟她进行了七个小时的长谈。

琼瑶是当时家喻户晓的作家,也是皇冠出版社的出版人,而三毛的作品正是由皇冠出版社出版。在三毛疗养身体回国时,她们已经成了好朋友。这一次三毛回来,却是带着失去爱人的痛彻心扉而归,无论如何,琼瑶都要将三毛留下来。

那次对谈,给三毛留下了这样的回忆:"自从在一夕间家破人亡之后,不可能吃饭菜,只能因为母亲的哀求,喝下不情愿的流汁。那时候,在跟你僵持了七个小时之后,体力崩溃了,我只想你放我回家,我觉得你太残忍,迫得我点了一个轻微的头。"

善写言情、苦情小说的琼瑶,靠着百折不挠的精神,用近乎"琼瑶式"折磨人的方式劝三毛活下来,甚至要求三毛,回到家中对母亲说一句"我不自杀"才算作罢。

可是,活下来又有多痛呢?荷西去世几年后,她依然没能从他的死亡中彻底走出来:

第九章

流浪，身体在路上，我才能暂时不想你

> 我睁着眼睛等天亮，恶性失眠像鬼一样占住了我。我开始增加安眠药的分量，一颗、三颗、七颗，直到有一夜服了十颗，而我不能入睡。我不能入睡，我的脑伤了，我的心不清楚了，我开始怕声音，我控制不住地哭——没有任何理由。歌词出不来、书出不来、家没有修好，淑惠正在死亡边缘挣扎，妈妈割掉了部分的身体……

这确实是她失眠的理由，可她最大的理由，便是没有荷西。人们常说，时间会冲淡一切，可过去这么久了，为什么时间还没有冲淡三毛心中的伤痕？

许多人不信世间有至死不渝的爱情，所谓的真爱，最终都要被时间消磨，变成一声叹息。可是，世间就是有真爱，时间消不掉她对他的思念，反而加剧了。现在想想，要是三毛能忘掉荷西多好。

思念，是对你最好的纪念。可是，他却想说，亲爱的，忘记我吧，我也不愿让你思念成疾，承受这一分钟又一分钟的痛。

世间最伟大的爱，不是日夜相守，也不是分离后的念念不忘，而是，最好你能忘记我。有时，总埋怨孟婆的狠心，她一碗孟婆汤倒是痛快，可我们心心念念一世的人，为什么要忘记？如今想来，最好是忘记，孟婆不是狠，而是最大的善。

后来，三毛在台湾定居、写书、接受采访、举办讲座，用尽

三毛传

流浪是生命的开始

一切办法让自己忙碌起来。只有这样,她才能忘记他:

"你要不要命?你去!你去!拿命去拼承诺,值不值得?"

"到时候,撑起来,可以忍到一声也不咳,讲完了也不咳,回来才倒下的,别人看不到这个样子的——"

"已经第七十四场了,送命要送在第几场?"

"不要讲啦——烦不烦的,你——"

"我问你要不要命?"这是爸爸的吼声,吼得变调,成了哽咽。

"不要,不要,不要——什么都要,就是命不要——"做女儿的赖在床上大哭起来,哭成了狂喘,一气拿枕头将自己压住,不要看爸爸的脸。

三毛痛苦,做父母的如何不心疼?可是劝慰、时间,都没办法医治她心灵上的伤口。三毛已经做出了最大努力,他们还能要求她怎样?

就这么活着吧,这便是对父母、对自己、对荷西最好的交代。如果,世间有忘情水,三毛断然是不肯喝的。她宁可喝下一杯杯苦酒,多年后去赴荷西的约定,也不肯将他忘于江湖。但是她也说:"如果有来生,要做一棵树,从不依靠,从不寻找。"

神秘的地方或许不是梦

三毛的一生离不开自闭、书、文学、荷西,当然,还离不开她的梦。曾经,她以为梦是预言,在梦里有人接她离去。她以为,她要死了,殊不知,被接走的却是荷西。有些地方,有些人,她以为只存在于梦里,当现实和梦重叠,她才猛然发现,梦不只是梦。

荷西离开了,三毛不再有自杀的念头,一时间她不知道何去何从。她的前半生,一直在流浪,流浪是她获得自由的方式。她无法抑制失去丈夫的悲伤,也不想留在台湾这个令她伤心的地方,于是,她的流浪之旅再次开启。

1980年春天,三毛去了东南亚及香港。在泰国,她竟体验了一次生死飞行:

> 那次在泰国海滩上被汽艇一拖,猛然像风筝似的给

| 三毛传 |

流浪是生命的开始

送上了青天,身后系着降落伞,涨满了风,倒像是一面彩色的帆,这一飞飞到海上,心中的泪滴出血似的痛。死了之后,灵魂大概就有这种在飞的感觉吧?

一千个人心中,有一千个哈姆雷特;一千人飞行,便有一千种不同的感受。对于三毛而言,每一次特殊的体验不再是生活之美,而是生死经历。因为想死,她总把每一次新鲜感受,幻想成死亡的感受。

那时,三毛已是全中国知名的作家,由她作词的《橄榄树》唱红了祖国大地。当她来到香港,《橄榄树》从收音机里播放出来,她才发现,自成曲以来,竟没有认真欣赏过这首歌。

死亡,将她的生活、事业、情感全部隔绝在外,除了生死,一切都不重要了。她的工作、旅行,都不过是为了让麻木的灵魂有知觉。

她在陌生的地方看着风景,但此时她已是一个名人,无论走到哪里,总有人认出她。她不喜欢这样的生活,她更喜欢安静。没多久,她决定离开中国,回到大加纳利岛,那个让她和荷西都无法忘记的地方。

当她回到台湾,准备重新出发时,她来到了桃园机场,就在那个时候,似曾相识的感觉突然如潮水般向她涌来,把她带回了那个梦魇中。

第九章

流浪,身体在路上,我才能暂时不想你

她直直地往前走,很快进入了出境室,不敢回头再看父母一眼。她怕看到父母的五官变得模糊,她怕梦把她捉走。她来到长长的通道,大步地走着,有一个声音一直在对她喊:只有你,只有你,只有你……

她来到瑞士。当女友开着车子从机场载着她向洛桑城内开去,经过洛桑火车站时,她却迷惑得什么也不会了:

> 当洛桑的火车站在黎明微寒的阳光下,出现在我眼前时,我却是迷惑得几乎连惊骇也不会了——这个地方我来过的,那个梦中的车站啊!
>
> 我怎么了,是不是死了?不然为什么这个车站跑了出来,我必是死了的吧!
>
> 我悄悄地环视着车中的人,女友谈笑风生,对着街景指指点点。
>
> 我又回头去看车站,它没有消失,仍是在那儿站着。
>
> 那么我不是做梦了,我摸摸椅垫,冷冷滑滑的,开着车窗,空气中有宁静的花香飘进来。这不是在梦中。
>
> 我几乎忍不住想问问女友,是不是,是不是洛桑车站的六号月台由大门进去,下楼梯,左转经过通道,再左转上楼梯,便是那儿?是不是入口处正面有一个小小的书报摊?是不是月台上挂着阿拉伯字?是不是卖票的

| 三毛传 |

流浪是生命的开始

窗口在右边,询问台在左边?还有一个换钱币的地方也在那儿?是不是?

三毛什么也没问,带着满腹疑问来到了女友家。这样不可思议的事,别人一定会把她当成疯子或者认为她在臆想。

几天后,三毛去了意大利。当她再次回到洛桑时,正巧女友去车站接朋友,三毛仅迟疑了一下,便跟着过去了。有些事,她想亲自去印证。当她发现梦里的车站直立立在现实中时,她也没办法解释这到底是怎么回事。

机缘巧合下,三毛坐了火车,朋友一步步把她带回自己的梦中。有人上车,有人下车,只有她好似要驶向终点站。这时,身后有几个人走向三毛,他们大声说笑着,经过她身边时,突然不笑了,他们只盯着她看。

梦中的三个兵,正盯着她,他们眼熟吗?似乎彼此都知道,在梦里见过。不过,三毛最终还是懂了:

> 难道在我的一生里,熟悉过怎么样的风景吗?没有,其实什么也没有熟悉过,因为在这劳劳尘梦里,一向行色匆匆。
>
> 我怔怔地望着窗外,一任铁轨将我带到天边。
>
> 洛桑是一个重要的起站,从那儿开始,我已是完完

第九章

流浪，身体在路上，我才能暂时不想你

全全地一个人了，茫茫天涯路，便是永远一个人了。

我是那么的疲倦，但愿永远睡下去不再醒来。

车厢内是空寂无人了，我贴在玻璃窗上看雨丝，眼睛睁得大大的，不能休息。

好似有什么人又在向我传达着梦中的密码，有思想叹息似的传进我的心里，有什么人在对我悄悄耳语，那么细微，那么缓慢地在对我说——苦海无边……

我听得那么真切，再要听，已经没有声息了。

"知道了！"

我也在心里轻轻地回答着，那么小心翼翼地私语着，你好在交换着一个不是属于这个尘世的秘密。

懂了，真的懂了。

这一明白过来，结在心中的冰天雪地顿时化作漫天杏花烟雨，寂寂、静静、茫茫地落了下来。

然而，春寒依旧料峭啊！

我的泪，什么时候竟悄悄地流了满脸。

懂了，也醒了。

醒来，我正坐在梦中的火车上，那节早已踏上了的火车。

签约去旅行

苦海无边，回头是岸；懂得回头，方可脱胎换骨。可是，回头何其难，有些事终究无法回头。而人们口中所谓的回头，不过是瞬间的懂得，像读了书上的某个句子，掩上书，便与书中的世界扯脱了。

知道，不等于做到。三毛懂了，可她仍然做不到忘记荷西。她理性上，知道自己该重新打起精神过日子，可是她每日只觉过得很累，仿佛瞬间苍老。

马德里的朋友，不忍心看到三毛颓废的模样，便给她介绍男性朋友，三毛拒绝了朋友的好意。其实，三毛有许多追求者，只要她愿意，随时可以开启一段新的人生。可惜，三毛的心已经给了荷西，任是谁也无法打动她的芳心。

一年后，三毛自由行结束回到了台湾。台湾，是她永远的家乡，这里有她的父母，这里是她今生最后的旅程和归宿。三毛说，

第九章

流浪,身体在路上,我才能暂时不想你

她这时才感觉到,父母之爱才是她永生的"乡愁"。

是的,游子漂泊再久,总归要回到生她养她的地方。无论她累了、倦了、受伤了……只有家,永远是身体和心灵的港湾。

三毛的名气越来越大,有很多机构愿意支持她去各国游历。1981年,三毛接受了《联合报》的赞助,开始了长达半年的拉美游历生涯。

她是一个浪子,之前只有身体在路上,她才能获得自由;如今,只有身体在路上,她才能不想他。她这些旅行没有目的,也不是心中理想的地方,她只是四处飘荡,随便走走看看,然后用文字记录下自己的内心。

此时的三毛,身边没了荷西,却多了一个助理米夏。她身体不好,父母又担心她出问题,这位助理的存在让关心三毛的人放心不少。

三毛先去的是墨西哥,这个城市给她留下了很深的印象。在这座城市的博物馆里,有尊专门管理自杀的神祇。这尊神像面目狰狞,散发着阴森森的气息。在三毛接触的宗教中,没有一个宗教鼓励人们自杀,而这样的神,却是惩罚那些自杀者的。三毛曾经几次自杀,她以为自杀是一种解脱,却不曾想在这里遇到了自杀之神。

神仙惩罚自杀而死的灵魂,可是,当下的她所受的磨难难道不是一种惩罚吗?她的心灵承受着煎熬,身体也没有好到哪里去。拜别了这位神仙,她去了洪都拉斯、巴拿马、哥伦比亚等地方。这一路上,三毛住了破旧的旅馆,见了妹妹和妹夫,还遭遇了骗子。

| 三毛传 |

流浪是生命的开始

三毛常说,她能感知前世的记忆,在记忆中她应该是印第安人。今生,她用一生的时间都在寻找和前世有关的一切。然而,她一直没有找到。在撒哈拉大沙漠里,她以为找到了自己的前生今世,可是,当她来到厄瓜多尔,才发现她的前世很可能在这里。

厄瓜多尔,是一个火山喷发的世界。这里的人们,拥有的是最纯正的印第安人血统。三毛来到这里后,一直住在当地居民家里。她与当地居民一起下地割玉米叶编制睡床、吃玉米饼、纺线、喂猪、喝麦片汤。在这里,三毛还学会做印第安早餐。

她并没有跟当地人学习什么,但一切做起来却得心应手。主人感觉很奇怪,为什么这个亚洲人却对他们的生活方式如此熟悉?

三毛喜欢去多巴湖畔,那里的岩石上仿佛留下了什么。她偶尔会在地下翻出一些陶罐等古代生活用具,有时也会翻出动物的尸体。三毛通过老化的动物尸体,判断它们的死亡方式,或痛苦病死,或意外受伤……想着想着,她似乎看到了前世的记忆。

三毛说,她是"哈娃"转世而来,然后,为读者讲述了关于"哈娃"的故事:那姑娘叫"哈娃"。在印第安土语中,"哈娃"是"心"的意思。娃哈的曾祖父,被印加征服者杀害,与三万名族人一起,被挖了心脏,投入了大湖。那湖被后代称为"哈娃哥恰",就是心湖的意思。哈娃的父母,被印加人抓走了,再没有回来。哈娃成了孤女,守着外祖父过活。外祖父是村里的药师,他会用各种不知名的草药,为族人们治病。祖父死后,哈娃嫁给了一名英俊

第九章
流浪，身体在路上，我才能暂时不想你

的猎人。猎人深爱他的妻子。在她怀孕的时候，弄来了几条鲜鱼。那鲜鱼是从心湖里，偷偷捉来的，那是祖宗们的心脏。族人们说，哈娃必遭报应。在一个寒冷的夜里，太阳神降临报应，哈娃死于难产，猎人抱着她的尸体痛哭，直到妻子浑身冰冷。

三毛把这篇文章发表在《联合报》上，同时把她在拉美的见闻也发表了出来，在台湾，再一次掀起了阅读三毛的热潮。

三毛想在此地留下来，可她却因为高原反应患上了"索诺奇高原症"。她每天都把嘴巴张得大大的，以此来缓解耳内压力。她寻医问药，又尝试各种草药，最终也没能医治好她的病。三毛离开了那个地方，想做回真正的三毛，可又总是沉浸在回忆里。

三毛的一生太过传奇，自闭、流浪、信仰、梦、与前世的感应……在读者看来，她是一个"有问题"的人，甚至因为臆想而自杀。然而，这是真实的三毛。我们可以否定神秘玄学的东西，但无法否认这些元素构成了三毛的一生。

上一世，哈娃在猎人的怀里去世；这一世，荷西死去，留下了孤独的三毛。生死轮回，三毛信了。她与他又一次做了约定，未来一世，谁说他们不会遇见呢？

一路走,一路痛

1985年,三毛回到台湾,处理新书《倾城》出版的工作。

这些年,她一直走在路上,流浪也没能治愈她的灵魂。回来后,她本想好好休息,但一听到编辑跟她说,如果再努力一点儿,她可以短时间内再推出两本新书《谈心》和《随想》。三毛想也没想,接下了这份工作。同时出版三本书,在圈内也是一件十分罕见的事。然而,她并没有止步于此,还同时翻译了《墨西哥之旅》《刹那时光》。

当滚石唱片公司,带着合同期望三毛写一整张唱片的歌词时,她又毫不犹豫地答应了。身体和心灵,总要有一个在路上。在路上,是为了获得成长。三毛的半生,已活了普通人的几辈子,她不再需要成长,她需要的,不过是忘记一个人。

忙碌、疲惫,能让她暂时忘记痛苦,她乐于接受工作的安排。

第九章

流浪,身体在路上,我才能暂时不想你

反正,父母要的是活着,只要她活着,就够了。三毛热爱艺术,尊重文学,曾几何时,艺术和文学却成了她打发时间的方式:

> 于是我同时处理四本书、一张唱片,也没能推掉另外许多许多琐事。
>
> 就在天气快进炎热时,我爱上了一幢楼中楼的公寓,朋友要卖,我倾尽积蓄将那房子买了上来。然后,开始以自己的心意装修。
>
> 虽然房子不必自己钉木板,可是那一灯一碗,那布料、椅垫、床罩、窗帘、家具、电话、书籍、摆设、盆景、拖鞋、冰箱、刀、匙、杯、筷、灶、拖把……还是要了人的命和钱。
>
> 雪球越滚越大,我管四本书、一张唱片、一个百事待举的新家,还得每天回那么多封信,以及响个不停的电话和饭局。
>
> 我的心怀意志虽然充满了创造的喜悦与狂爱,可是生活也成了一根绷了快要断了的弦。

常常听到人们说,不可能,做不到。那不过是因为没有被逼到绝境。人有无限张力,没有做不到,只有想不到。喜欢悠闲自在的三毛,也想不到她会因思念,把自己逼到绝境。

她的爱情断了弦,她事业上的弦,却不断地奏起乐章。她的

流浪是生命的开始

书、唱片、翻译的作品,一个个推向市场。若是她没有后来的忙碌,喜欢她的读者,也不会看到如此丰富多彩的三毛。如果荷西还活着,她一定还是那个收到稿费便欣喜,无事就去流浪的姑娘。她不会亲近读者,不会去办座谈会,更不会没日没夜地写书。

老天似乎对此并不满意,他又给三毛安排了其他的"工作"。三毛朋友得了脑癌,住进了台大医院;十日后,缪进兰因乳腺癌又住进了荣民总医院。

三毛白天在医院里照顾母亲和朋友,晚上回到家中写作。为了让输入和输出平衡,她把睡觉的四个小时用来阅读,因为只有这样,她才能保证灵感不断。

突有一日,三毛接到朋友的电话,问她还需不需要购买钢琴。三毛不记得拜托朋友买钢琴,更不记得什么时候给朋友打过电话。接着,三毛的许多朋友都打来类似的电话,只是,她都忘了。

三毛似乎得了健忘症。她忘记了去荣总医院的路,忘记了回娘家的路。她不知道家在哪里,不知道了。

她的灵魂飘走了,不知道飘到了什么地方。她只知道,自己没有直觉了,没有了:

> 那天我又吞了一把安眠药,可是无效。我听见有脚步声四面八方而来,我一间一间打开无人的房门,当然没有人,我吓得把背紧紧抵住墙——听。人病了,鬼由

第九章

流浪,身体在路上,我才能暂时不想你

心生。

近乎一个半月的时间,我的记忆短路,有时记得,有时不记得,一些歌词,还在写,居然可以定稿。

最怕的事情是,我不会回家。我常常站在街上发呆,努力地想:家在哪里,我要回家。有一次,是邻居带我回去的。

整整六个月没有合眼了,我的四肢百骸酸痛不堪,我的视力模糊,我的血液在深夜里流动时,自己好似可以听见哗哗的水声在体内运转。走路时,我是一具行尸,慢慢拖。

三毛病了。她的心理、大脑,出现了严重的问题。之后,她被送进了医院,接受脑神经内科的治疗,病情好转后出院。

没办法,她没办法待在台湾。与其整日整夜地熬,不如继续在路上。她去了美国休假,大部分工作也停了下来。当下,她不想再用工作麻痹自己,只想好好调养,让自己记得回家的路。1986的夏天,三毛再一次回到了马德里,回到了与荷西相识的地方。

痛,痛,痛,走到哪里都痛。解救她的,不是一个地方,也不是忙碌的工作,而是她能真正地放下。

可是,她放不下,也不愿放下。她把自己禁锢在爱情里,并为自己带上枷锁,这是她喜欢的方式。她一面努力解救着自己,

| 三毛传 |

流浪是生命的开始

一面又享受着对荷西的思念……其实，人就是这样矛盾。

三毛是清醒的，她懂得世人把自己禁锢在了一眼望到头的生活里；可她也是糊涂的，她同样把自己禁锢在了爱情里。

这世间，没有谁是真正清醒的。弘一法师说："心被境界所转，即是凡夫。佛在一切经论中。常常提醒我们要修行，行是生活行为，在生活行为中难免发生很多错误，修正错误的行为谓之修行。"

当自己认识到错误时，才会去修正错误，才能慢慢地真正清醒过来。爱也如此这般。与其整日沉浸在爱中，不如在爱中修行，从爱里醒来。

苦海无边,你悟了吗?

经常有人问,人生的意义是什么?在西方文化中,大部分数据是可量化的,而在中国文化中,要因人、因时、因地、因环境而论。不同的时代、背景、文化,每个人的人生也有着不同的意义。如果非要回答最终极问题,这个答案就是开悟。开悟了,什么问题都解决了,人生才能获得真正的圆满。

难道,明确地知道人生的意义不等于开悟吗?明确了自己的人生意义,只是找到了身为人应该去完成的事,而开悟则是懂得了宇宙的智慧。相比之下,明确人生意义未必开悟,但开悟了,一定会懂得"意义"二字。

从小到大,三毛一直在追问人生的意义。为了找到答案,她读书,流浪,遇见一段又一段爱情……然而,她始终没能找到答案。

当荷西离去,她的人生似乎再无意义。她把时间交给工作、

| 三毛传 |

流浪是生命的开始

流浪、父母,不再去思考人生的意义时,她心底总有一个声音告诉她:"苦海无边……"

1987年,两岸互通,部分台湾居民可回祖国大陆探亲。禁令一开,太多太多远离家乡的人回到了祖国大陆的怀抱。得到这个消息,三毛当然兴奋不已。尽管她的家在台湾,她依然热爱着大陆。她给身在大陆的张乐平先生写信,向她诉说小时候的故事:

乐平先生:

我切望这封信能够平安转达您的手中。在我三岁的时候,我看了今生第一本书,就是您的大作《三毛流浪记》。后来等我长大了,也开始写书,就以"三毛"为笔名,作为您创造的那个三毛的纪念。

那时,张乐平已经八十岁了。收到三毛的来信,心情激动的他口述了一封信,然后画了一张三毛的画送给三毛。三毛认张乐平为干爸,两个人总是以父女相称。不久后,三毛到大陆看张乐平,两人成了最亲近的人。

三毛第二次来大陆,是为了欣赏一下祖国的大好河山。她为自己制订的路线是:广州——西安——兰州——敦煌——乌鲁木齐——天山——喀什——成都——拉萨——重庆——武汉——上海——杭州。

第九章

流浪,身体在路上,我才能暂时不想你

临行前,三毛跟好友赵宁说,她只买了单程机票。好友问她什么时候回来,她却说:"很久很久……"她与另外一位朋友张拓芜在电话里说:"说不定我就不回来了!"

三毛与婉约总是扯不上关系,当她来到大西北,来到敦煌,她才发现原来这个地方对她有着非同一般的意义。

她在伟文的帮助下,通过走后门独自来到了一个洞穴里。当她走进来以后,她发现自己仿佛跌入了梦境中:

> 我打开了手电棒,昏黄的光圈下,出现了环绕七佛的飞天、舞乐、天龙八部、胁侍眷属。我看到了画中灯火辉煌、歌舞蹁跹、繁华升平、管弦丝竹、宝池荡漾——壁画开始流转起来,视线里出现了另一组好比幻灯片打在墙上的交叠画面——一个穿着绿色学生制服的女孩正坐在床沿自杀,她左腕和睡袍上的鲜血叠到壁画上的人身上去——那个少女一直长大一直长大并没有死。她的一生电影一般在墙上流过,紧紧交缠在画中那个繁华似锦的世界中,最后它们流到我身上来,满布了我的白色的外套。
>
> 我吓得熄了光。
>
> "我没有病。"我对自己说,"心理学的书上讲过:人,碰到极大冲击的时候,很自然地会把自己的一生,

| 三毛传 |

流浪是生命的开始

从头算起。在这世界上,当我面对这巨大而神秘——属于我的生命的密码时,这种强烈反应是自然的。"

我匍匐在弥勒菩萨巨大的塑像前,对菩萨说:"敦煌百姓在古老的传说和信仰里,认为,只有住在兜率天宫里的你——'下生人间',天下才能太平。是不是?"

我仰望菩萨的面容,用不着手电筒了,菩萨脸上大放光明灿烂,眼神无比慈爱,我感应到菩萨将左手移到我的头上来轻轻抚过。

菩萨微笑,问:"你哭什么?"

我说:"苦海无边。"

菩萨又说:"你悟了吗?"

我不能回答,一时间热泪狂流出来。

我在弥勒菩萨的脚上哀哀痛哭不肯起身。

又听见说:"不肯走,就来吧。"

我说:"好。"

这时候,心里的尘埃被冲洗得干干净净,我跪在光光亮亮的洞里,再没有了激动的情绪。多久的时间过去了,我不知道。

"请菩萨安排,感动研究所,让我留下来做一个扫洞子的人。"我说。

第九章

流浪,身体在路上,我才能暂时不想你

菩萨叹了口气:"不在这里。你去人群里再过过,不要拒绝他们。放心放心,再有你回来的时候。"

我又趺坐了一会儿。

菩萨说:"来了就好。现在去吧。"

出了洞口,三毛仿佛经历了一生一世。她若有所思,久久不能从刚才的境界中走出来。她缓缓地对伟文说:"要是有那么一天,我活着不能回来,灰也是要回来的。伟文,记住了,这也是我埋骨的地方,那时候你得帮帮忙。"

她记得菩萨的话,去人群里再过过,不要拒绝他们,之后总有回来的时候。既然如此,她没必要再留恋此地,很快便去了乌鲁木齐。

三毛来到这个地方,主要是为王洛宾而来。她欣赏他的才华,《在那遥远的地方》《达坂城的姑娘》家喻户晓,她被这样一位沧桑的老人折服了。可惜的是,王洛宾并不知三毛是谁。当有人告诉他,三毛是一位女作家时,他才知道这个姑娘不简单。

临走前,三毛许诺九月份会来看他,还希望他们能一直通信。后来,有一次王洛宾给三毛的回信拖了很久,三毛责怪他说:"你好残忍,让我失去了生活的拐杖。"

尽管如此,三毛依然遵守约定来看他。谁知,她刚下飞机,便被镁光灯包围了。这只是一次朋友之间的聚会,并不是要拿出来被人娱乐的。三毛十分愤怒,立刻返回了机舱。经过解释,三毛只好不情愿地

| 三毛传 |

流浪是生命的开始

下了飞机,然后像提线木偶般被"安排",没完没了地拍照片。

最终,三毛伤心地离开了。

坊间说,三毛爱上了王洛宾,与他接触后才发现,他们之间有着不可逾越的鸿沟,只是王洛宾并不理解她,也猜不透她的心事,因此才伤心离开。

三毛是否爱上王洛宾无人得知,但众人也知道,她从未将荷西忘记。假如,她真能爱上这位王先生,也是放下了令她最痛苦的感情。然而,不管怎样,她伤心地离开了。无论是"情人",还是"至交",王洛宾都让她失望了。

苦海无边。三毛苦、失望、伤心……一方面无法放下,另一方面却总在寻找着什么。事实上,只要人还没有放下,还渴望得到,就无法跳出苦海。

回头是岸。回到哪里?回到最初。回到"道",回到"空",回到生命起始的状态。那里,没有痛苦,没有悲伤,更没有绝望,有的是生命的生机勃勃,是新一轮向上生长的力量。

第十章

释然,滚滚红尘我来过

滚滚红尘

起初不经意的你

和少年不经世的我

红尘中的情缘

只因那生命匆匆不语的胶着

想是人世间的错

或前世流传的因果

终生的所有

也不惜换取刹那阴阳的交流

来易来 去难去

数十载的人世游

分易分 聚难聚

爱与恨的千古愁

…………

| 三毛传 |

流浪是生命的开始

这首至今仍在不断被改编、传唱的《滚滚红尘》,来自由三毛编剧的同名电影——《滚滚红尘》。这是她第一次正式担任编剧,独立创作的电影。

早在 1983 年,三毛已开始了戏剧创作,不过那时是给法国导演贝特杭做助手。后来,她又与美国百老汇导演史丹利合作,共同编写了一部歌舞剧。1990 年,在香港导演严浩的一再央求下,她创作了这部《滚滚红尘》。

对于这部电影,三毛说:"没有严浩导演,就没有这个剧本的诞生。"严浩导演是三毛的忠实读者,当他读完《哭泣的骆驼》后,希望三毛将此故事改编成电影,三毛拒绝了。为了能说动三毛做编剧,他软磨硬泡,不达目的不罢休地恳求三毛写剧本。

三毛其实是不肯的,但是严浩已经下定了决心。为了说动三毛,他约了影星林青霞和秦汉,一起劝三毛写剧本。三毛固执己见仍然没有答应,她甚至声称要去欧洲度假。

有一天,三毛在家里喝起了酒。醉酒后的三毛在家中失足从楼梯上跌落下来,摔断了三根肋骨。断掉的肋骨插入肺中,让她的肺被切掉一叶。

住院期间,她突然来了灵感,出院后,这部剧本便落成了。她将剧本交到严浩、林青霞和秦汉手中,他们简直难以置信。三毛给这部影片取名为《滚滚红尘舞天涯》,后来则更名为《滚滚红尘》。三毛在这部剧本上倾注了太多的心血,她说:"痛彻心

第十章

释然，滚滚红尘我来过

扉的开始，一路写来疼痛难休，脱稿后只能到大陆浪漫放逐，一年半载都不能做别的事。"

然而，三毛并没有因此而去大陆浪漫放逐，而是立刻加入了剧本的拍摄中。为了电影能照自己的想法拍摄，她为影片画了六百多张分镜图。她小时候学过绘画，这些自然不是难事，难的是她一心将自己心中的画面表达出来。

为了让电影表现得更加完美，她甚至想亲自出演女配角月凤，不过，她的请求被导演拒绝了。三毛认为，张曼玉是当红影星，用她是为了保证票房。

电影和文学作品是两种完全不同的路数。对于文学创作，只要将心中所想落到纸上，便可结成一本又一本书。拍电影，则是多方协作的过程。加上影视圈比文学圈更为复杂，三毛总是天真得像个孩子，无法融入所谓规则中。

尽管如此，三毛还是愿意为电影尽最大的努力。提到三毛的付出，张乐平心疼地说："三毛这次赴港为她创作的《滚滚红尘》做宣传，一周之内做了二十多次采访，上了八次电视，昏倒了，用万金油涂醒后继续工作。我在香港工作的儿子送去三盒饼干，竟成了她的三餐！"

此时的三毛，早已不再是那个为了忘记一个人而拼命的人了。如今，她再次拼命，一定有着不可言说的原因。她的努力没有白费，影片获得了媒体的关注，也获得了业界一片好评。虽然票房只有

| 三毛传 |

流浪是生命的开始

六百万港币,但她在乎的也并不是票房,而是作品本身。

那一年,《滚滚红尘》获得了金马奖二十项提名,这让三毛十分开心。影片获得的关注越多,便有越多的人开始对此片挑刺儿。他们批评演员在表演上并没有太多艺术形式,也指责影片美化了男主角——汉奸章能才;同时,也美化了左派学生运动鼓动者女配角月凤;而影片的结尾,国民党军队的大逃难,则被定义成了有辱党政的嫌疑。

众人评论说,三毛这部影片改编自张爱玲和胡兰成的爱情故事。三毛站出来解释说,《滚滚红尘》与张爱玲无关,而是取材于蒋碧薇、徐悲鸿、张道藩的故事。不经世事的三毛,不知道这样的解释会为自己带来多少麻烦。没多久,徐悲鸿的儿子、台湾音乐评论家徐伯阳指责三毛"诽谤中伤,是无天理",并聘请了律师,准备起诉她。

人生如戏。恍惚间,三毛发现世人有一点儿容不下她了。她真诚地面对大众,可大众并没有用真诚回应她。她站在台上为自己辩解,俨然像舞台上的小丑,人们也不过把她当成了一个演员和戏子而已。

果真,人生如戏!其实,三毛很早之前就懂了,只是稍微不注意,就再一次投入到了演出里:

没有一个人真正知道自己对生命的狂爱的极限,极

第十章

释然,滚滚红尘我来过

限不是由我们决定的,都是由生活经验中不断的试探中提取得来的认识。

如果你不爱生命,不看重自己,那么这一切的生机,也便不来了,Echo,你懂得吗?

相信生活和时间吧!时间如果能够拿走痛苦,那么我们不必有罪恶感,更不必觉得羞耻,就让它拿吧!拿不走的,自然根生心中,不必勉强。

生活是好的,峰回路转,柳暗花明,前面总会有另一番不同的风光。

让我悄悄地告诉你,Echo,世上的人喜欢看悲剧,可是他们也只是看戏而已,如果你的悲剧变成了真的,他们不但看不下去,还要向你丢汽水瓶呢。你聪明的话,将那片幕落下来,不要给人看了,连一根头发都不要给人看,更不要说别的东西。

那你不如在幕后也不必流泪了,因为你也不演给自己看,好吗?

她以为,她为世人写了一部《滚滚红尘》;实际上,她自己也上演了一部"滚滚红尘"。只是,她不想演了。

本应属于你的心

| 三毛传 |

流浪是生命的开始

它依然护紧我胸口

为只为那尘世转变的面孔后的翻云覆雨手

来易来　去难去

数十载的人世游

分易分　聚难聚

爱与恨的千古愁

于是不愿走的你

要告别已不见的我

至今世间仍有隐约的耳语

跟随我俩的传说

…………

数十载的人世游,只换回一句流行已久的话:人间不值得!

世界不单纯

每个人心里一亩　一亩田

每个人心里一个　一个梦

一颗啊一颗种子

是我心里的一亩田

…………

用它来种什么

用它来种什么

种桃种李种春风

开尽梨花春又来

那是我心里一亩　一亩田

| 三毛传 |

流浪是生命的开始

那是我心里一个

不醒的梦

这是三毛音乐专辑中的一首歌,名字叫《梦田》。在她的心里,有这样一片田,没有太大,只有那么方方的一小亩。她想在这一小片种下种子,去享受农夫看见新芽的心情。

后来,三毛不那么拼了,时间虽然没让她忘记那个人,但终究冲淡了痛苦。在生活中,她只要做自己,便能获得简单、幸福的快乐。

一个偶然的机会,她接触了电影。为了另一个梦,她再次踏入红尘,成了一个四处宣传、辩解的"戏子"。当她无力解释时,她选择了沉默,任由他们去误解、去评论。

心当然是痛的,只是她不想再表演。不知为何,三毛仿佛回到了只有黑白色的童年,那个不够勇敢、总是自我否定的自己。她拼了命也要写下的剧本,真有那么不堪吗?之前,读者不是一直喜爱她吗,为什么现在却不喜欢了?

1990年12月15日,电影《滚滚红尘》获得了八项金马奖,分别是:最佳导演、影片、女主角、女配角、摄影、电影音乐、美术设计和造型设计。

众所周知,剧本剧本,一剧之本,没有编剧,其他便不成立。可是,他们都获奖了,唯独三毛没有获得最佳编剧奖。

第十章

释然，滚滚红尘我来过

影片获得如此大的成功，原本是一件开心的事。在庆功会上，三毛落寞地说："你们都得了奖……"此时，众人沉浸在成功的喜悦中，没人注意三毛的情绪。三毛犹记得，那年她在邻居家捡起的、被丢在角落里的油画。人们在幸福时刻，是无暇关心落寞者的。一瞬间，她的心犹如那画的场面，惨烈又残酷。

她的心再次被穿得千疮百孔，她以为无人知晓。只是，三毛去世后，朋友才回忆起那天的三毛。林青霞后来说："尤其是金马奖颁奖后，没有得奖对她造成不小的打击。情绪低落可以想见。"

电影投资人徐枫也展开回忆："她本人上台领奖时，为三毛说了一句'如果没有最佳编剧，亦不可能有最佳的电影'。下来后三毛立即搂着她说：'你刚才在台上讲的话令我很感动，我好想哭！'"

人们总是在失去后才会懂得珍惜，但此时追悔莫及，人死也不能复生。三毛是一个敏感的姑娘，她承受了太多的冷言冷语，仅有的一点儿关怀，便感动得要哭。她不是不爱世人，而是值得爱的人太少。就如同她一直热爱台湾，热爱自己的家，但每一次回归得到的都是伤痕累累，于是，她只能不断地再去流浪。

与其说，三毛渴望流浪，不如说她渴望着爱，渴望着人们的关怀。然而，这样的爱，只有荷西给她了。为了这份爱，她宁愿付出生命也在所不惜。当然，父母也爱她，为了这份爱，她又何尝不是苟活于世。

| 三毛传 |

流浪是生命的开始

三毛是那个你对她好一分,她便回报你十分的人。她对人们的要求并不高,只是,连这一点儿要求,都没人能满足她。

有人说,三毛是因为情商低,所以才屡屡受挫。但现实是,许多亲密好友,看似真情意切,却也未必经得住考验。赏心只有两三枝,一个人并不需要那么多朋友,有两三个知己便已足够。

在台湾,三毛朋友很多,待她真诚的人也不少,但他们终究没能挽留住她。电影成功了,所有人都成功了,唯独她,在一片掌声与鲜花中独自承受着落寞与失败。

她沉默了,把悲伤留给自己。她知道抨击、质疑、谩骂和误解永远不会消停,可是不消停又能怎么样?

黑夜里,她也问过自己,付出艰辛努力过后换来诋毁与失败,真的值得吗?可是没有人能保证,所有的付出只有成功,没有失败呀。

我们在一次次失败中,越挫越勇。然而,三毛不同,她在失败中,一次次地反省自己。是她不够好?是她不够努力?她的人生是否已经没有意义?

"一个高级的人,应该不那么渴望被人了解,因为他知道,被人了解其实没有多大的好处。"换句话说,我们生活在世间,应该不要总是自我怀疑,因为自我怀疑其实没有多大好处。

我们可以自我反省,在反省中努力、进步、试错……一次次修正自己,让自己变得越来越好,而不是全盘否定,认为自己满

第十章

释然，滚滚红尘我来过

盘皆输。

三毛说："真正的爱是不紧张，其实生活也要不紧张。姑娘，你要勇敢。"

三毛是一个不够勇敢的人，所以每次遇到挫折，她总是不断告诫自己：要勇敢，你要勇敢。是的，如果你也脆弱，那么请你在遇到坎坷时，也一定要不断告诉自己：姑娘，你要勇敢，要勇敢！

卸下肉体凡胎

远方有多远

请你请你　告诉我

到天涯　到海角

算不算远

问一问你的心

只要它答应

没有地方是

到不了的

那么远

这首歌是三毛写的《远方》。对于远方,三毛说:"远方是

第十章

释然，滚滚红尘我来过

什么？是醒来时发觉星星四面八方，是脱去了一层又一层的束缚，身至心到的境界。我的心灵，这才如同空气一般真正自由了。"

身体，是三毛的障碍，只要身体还在，她的灵魂就永远无法获得自由。多年来，她犹如茧里的蝶，在厚实的老茧包裹下，几乎没有自由。她渴望幻化成无形的灵魂，与星星为伴，与月亮对饮。

1991年1月2日下午，三毛因子宫内膜肥厚影响荷尔蒙分泌而住进了医院。这并不是很严重的病，相比之前与荷西硬抗的岁月，这点病根本不算什么，可她还是选择了住院。

她住在台北荣民总院中正楼A072室，一间带有独立卫浴的单人病房。住院检查完毕，三毛身体并没有异常，朋友劝她出院，她却说："我已经拥有异常丰富的人生。"

三毛经常说一些奇怪且富有哲理的话，朋友也没把她的话放在心上。在医院里，她跟母亲说，她看到床边有好多好多小孩跳来跳去，有的已经长出了翅膀来。三毛常常产生幻觉，缪进兰也没把她的话放在心上。

1月3日上午十时，医生为三毛做了手术，手术只有十分钟，接着她的荷尔蒙很快就可以恢复正常。不出意外的话，1月5日她便可以顺利出院。

术后吃过东西，她告诉父母说："我已经好了，没有病了，你们可以回家了。"

这些年，三毛独自居住，有时也会独自去旅行，坚强勇敢的

| 三毛传 |

流浪是生命的开始

三毛从来没有出过意外,一点儿小小的病情又怎么会把她拉向死亡呢?父母没有多想,相信了她的话,晚上八时便离开了。

他们到家后不久,缪进兰接到了三毛的电话,电话里,三毛说了关于生病的事,过了一会儿,开始讲一些她根本听不懂的话。直到最后,缪进兰才听到三毛说,那些小孩又来了。

缪进兰没把三毛的话放在心上,她安慰她说:"也许是小天使来守护你呢!"

人世间,有一种痛苦,便是人与人之间永远无法产生共情。你的痛苦,他人无法体会;你的喜悦,他人也无法真正分享;你的忧愁与哀伤,别人不仅无法共情,有时还会轻描淡写到让人绝望……

当事人如临深渊,身边的人却只懂得自己的痛苦。我们以为,只要向他们倾诉,便能从深渊里走出来,却突然发现,原来人和人之间隔着万水千山。

三毛的痛,别人只能理解,无法共情,就像家人和朋友的安慰,三毛能理解是真心为她着想,却无法共情地真正想要活下来。

当日晚上十一点多,值班护士查房时,发现三毛还没有睡下,便过去查看。三毛告诉她,自己睡眠状况不好,希望在夜间时不被打扰。护士尊重病人的要求,一整夜没有再踏进三毛病房。

翌日,早上七点十分,女工郑高毓因打扫房间推开了三毛病房的大门。当她走进病房,顿时吓得无法动弹,她看到三毛在卫

第十章

释然，滚滚红尘我来过

生间里吊死了。

三毛把一条咖啡色的长丝袜吊在打点滴的挂钩上，自缢身亡。医院立刻报警，四个小时后，法医刘家缙和检察官罗荣乾记下了案发现场：三毛身穿白底红花睡衣被平放在床上。脖子上，有深而明显的尼龙丝袜吊痕，痕迹由项前向上，直到两耳旁。舌头外伸，眼睛微张，血液已经沉入四肢，身体呈灰黑色。

法医鉴定：三毛死亡时间为1月4日凌晨两时左右。警方检查了病房和浴室，未发现他杀疑点。警方断定：三毛系自缢身亡。

三毛自缢在马桶上方，马桶上有把手。只要她想活下来，可以扶住把手救命。但三毛没有这么做，只能说明她没有求生的欲望。

三毛离开了，终年四十八岁。

得到三毛去世的消息，陈嗣庆夫妇心如死灰，他们拯救爱女几十年，终究没能挽留住她的生命。这个让他们心心念念，不敢松懈一丝一毫的爱女，最终还是去了。他们知道，三毛的离开是种解脱，可也把他们推向了深渊。

三毛一路生，一路痛，她饮下的苦酒，最终还是交到了父母手里。这仿佛是一场接力赛游戏，荷西是那个先交出接力棒的人。这苦痛只有轮到自己，才能体会到活着有多么不容易。好在，年迈的父母，没有三毛敏感寂寞的心，他们最终还是承受住了。

身患癌症六年的缪进兰，把自己关在家中，闭门不出。在那期间，她写下了《哭爱女三毛》：

| 三毛传 |

流浪是生命的开始

　　荷西过世后这些年三毛常与我提到她想死的事,要我答应她,她说只要我答应,她就可以快快乐乐地死去,我们为人父母,怎能答应孩子做如此的傻事,所以每次都让她不要胡思乱想。最近她又对我提起预备结束生命的事,她说:"我的一生,到处都走遍了,大陆也去过了,该做的事都做了,我已经没有什么路好走了。我觉得好累。"

　　……

　　……她生前曾对我说喜欢火葬,认为那样比较干净。她生前最喜欢黄玫瑰,她不喜欢铺张,我也要选她在家里平常最喜欢的衣服缀上黄玫瑰给她穿上,外边套上一个漂亮的棺材就行了。她的骨灰,我希望放置在阳明山第一公墓的灵塔上。

　　三毛就这样莫名其妙地走了。我疼爱的孩子,你为什么如此想不开?

　　三毛一直想不开,如果有人能理解她,而不是与她的世界对立起来,或许她不会自缢而亡。荷西是理解她的人,每次她发"神经",荷西便会比她更"疯"。你没有心了吗?没关系,我有!你要死?那我就随你去!你痛苦?好的,我们一起来承担这痛吧,宝贝!

第十章

释然，滚滚红尘我来过

三毛一直有自杀的想法，任谁也不能医治她，唯独荷西。共情是解救一个人最好的方式，是荷西陪着她痛，陪着她疯的劲头，让三毛看到了生的希望，生活的美好。

一个忧郁的人倾诉心事时，最怕身边的人说一句"不要胡思乱想"，殊不知，这样轻描淡写的对立，很可能是压死他们的最后一根稻草。

张乐平在得知三毛去世后，难过得不能自已，悲痛地写下了悼念词：我现在的悲痛很难用语言来表达。这些天来，我一直陷于神思恍惚、欲哭无泪的状态。才华横溢、情感丰富的三毛走了，这对于我全家是个难以承受的打击，我老伴几乎哭了整整一夜，她不住地追问消息是否确实，为的是想捏住仅存的一线希望。次日清晨，我坐在阳光底下，脑中不住闪现我们父女俩昔日共享天伦之乐的那段美好时光，内心却是一片冰凉。

三毛去世的消息，各大媒体纷纷报道，传遍了台湾和香港的大街小巷。有人哀痛，有人嘲讽，还有人把这消息当成娱乐八卦，津津乐道……

少有人理解她的非正常死亡，有人说她太过残忍，抛下年迈的父母一走了之；有人说她，好死不如赖活着，干吗这么想不开；当然，更多的是对三毛的哀痛与惋惜，一个如此有才华的姑娘，就这样卸下肉体凡胎离开了。

无论后人如何评价她，都不重要了。骂她自私也好，想不开

| 三毛传 |

流浪是生命的开始

也罢,她的肉体终于结束了人间之旅,灵魂回到荷西身边,完成了她的约定。

在她看来,这比生命重要。一个拿命爱她的人,她自然愿意用命交换。他不孤独了,她也不寂寞了,她没有死,而是获得了重生。

抬头望天,许能看到黑暗的天空中多了一颗星,它依偎在另一颗星旁,它们终于能长久地相伴在一起。

许多年前,荷西向三毛表白,让他等她六年,三毛拒绝了,星空下,他笑着离开。许多年后,他再一次等到了她,她依旧带着满身伤痕,连心也没了。这一次,他一定会说,宝贝,因为你的心在我这里,现在我把它,还给你!

醉笑陪君三万场，不诉离伤

苏轼在《南乡子·和杨元素时移守密州》中写道："醉笑陪公三万场。不用诉离觞。"三毛尤其喜欢这句，于是把这句话改为：

> 醉笑陪君三万场 不诉离伤
>
> 禅心已失人间爱
>
> 又何曾梦觉
>
> 这些个千生万生只在
>
> 踏尽红尘何处是吾乡

踏尽红尘，没能找到故乡的三毛离开了。对于她的离开，她希望世人有不诉离伤的豪情，有哭过、笑过之后，相忘于江湖的自由。生死轮回，我们相识一世，终究要在奈何桥上喝下那碗孟

| 三毛传 |

流浪是生命的开始

婆汤。

你和我,他与她,早晚会忘,只是早晚。三毛等不及了,她许是怕他会忘,抑或怕他早早投胎转世,忘记人间还有一位叫三毛的姑娘。

她没有忘记他,一直没有,那么,她又如何肯让那数千日夜朝思暮想的男人忘记她呢?

情,总是难以割舍。三毛的豪情,在那位叫荷西的男子面前,还是变成了绕指柔。英雄难过情关,更何况一位柔弱姑娘,她逃不过,也逃不掉。

三毛的一生,不只有情,陪伴她最久的,是自闭。她的自闭是从小带来的,就像我们从小就带着愤怒、悲愤、伤感等情绪而来,这些情绪深植体内,在特定的情况下才会爆发出来。自闭,人人都有,只是或多或少。有人一时半刻想不开,有人一生一世想不开,而三毛恰恰是自闭多过生命中其他东西。

1989年,三毛第一次回到祖国大陆。回台后不久,她一声不响地搬进了自己的公寓里,临走前给父母留下了一封信。陈嗣庆看到信,知道她再一次想不开了,便写信劝她:以前,你曾与我数次提到《红楼梦》中的"好了歌",你说只差一点就可以做神仙了,只恨父母忘不了。……《红楼梦》之讨你的喜欢,当是一种中国人生哲理和文字的混合体。平儿,我看你目前已经有所参破,但尚未"了"。

第十章

释然,滚滚红尘我来过

世人都晓神仙好,惟有功名忘不了!
古今将相在何方?荒冢一堆草没了。
世人都晓神仙好,只有金银忘不了!
终朝只恨聚无多,及到多时眼闭了。
世人都晓神仙好,只有娇妻忘不了!
君生日日说恩情,君死又随人去了。
世人都晓神仙好,只有儿孙忘不了!
痴心父母古来多,孝顺儿孙谁见了?

人生"好",神仙"好",因为忘不了,所以"了"不了。"了",不是指死亡,也不是指看破红尘的悲观厌世。弘一法师说:"五尘都是虚假的,可以受用,不可以爱着。佛菩萨对五欲六尘亦享受,但不执着,没有爱、取、有,没有分别执着,永远在定。"

"定"等于"了","了"等于"定",假如以为自己放下了,便自认为看破红尘,悲观厌世地离开,这不是"了",什么时候连"了"也放下了,才能真正的"了"。

三毛的离开,让无数友人悲痛。他们无法做到不诉离伤,而是不断追忆。琼瑶说:"三毛对生命的看法与常人不同,她相信生命有肉体和死后灵魂两种形式,我们应尊重她的选择,不用太悲哀。三毛选择自杀,一定有她的道理。三毛是很有灵性和聪明才智的,

| 三毛传 |

流浪是生命的开始

也许她是抛下有病的躯体,步入另一形式的生命。三毛的经历丰富,活了四十多岁仿佛活了四百岁。"

林青霞说:"三毛的死,不但她的朋友感到难过,也是文化界的损失。三毛曾说过很羡慕我和秦汉恩爱,也想找一个关心自己、可以谈心及工作上的伴侣,可惜一直未能找到理想的对象。对于死去的丈夫,她仍然十分怀念。她不太注意保护自己,有一次醉酒从楼梯上摔下来,断了三根肋骨,还切掉半个肺,而她却毫不在乎。我曾经劝她不要太过任性,就算自己不在乎自己的身体,也要为父母保养身体。对三毛的死,秦汉也很难过,不知道我们现在还能做什么,但我们愿为她做一切事。"

神父丁松青说:"每次她离开,总会忍不住落泪。上回她走的时候,曾戏称清泉是 River of no return(不归泉),含泪说她永远不回来了。

"也许她不适宜活在这个世界吧!现在她可以在九泉之下见到她挚爱的亡夫了。但愿她能得到她一生祈求的满足与快乐。"

罗大佑为了纪念三毛,写下了经典的《追梦人》,这首歌原是罗大佑为电影《天若有情》创作的主题曲的国语版《青春无悔》,由袁凤瑛演唱。三毛去世后,为纪念她特意为此曲增加了部分歌词,由凤飞飞演唱。

三毛是一个追梦人,她一生做了数不尽的梦,最后变成了别人的梦。读者为了纪念三毛,经常设立读书会、研究会等。

第十章

释然，滚滚红尘我来过

2018年，齐豫、潘越云为了纪念三毛，开办了《回声》演唱会，只为纪念三个女人壮阔的人生。

…………

三毛走了，但她却从未离开。爱她的读者和朋友们，会以各种方式持续纪念下去，如同三毛的故事，不会完，永远都不会完。也如同这部影片，会一直播放下去……

然而，无论多么不情愿，人生终有一别。掩上书卷，我们江湖再见！

电影结束了！

《追梦人》

  让青春吹动了你的长发　让它牵引你的梦
  不知不觉这城市的历史已记取了你的笑容
  红红心中蓝蓝的天是个生命的开始
  春雨不眠隔夜的你曾空独眠的日子
  让青春娇艳的花朵绽开了深藏的红颜
  飞去飞来的满天的飞絮是幻想你的笑脸
  秋来春去红尘中谁在宿命里安排
  冰雪不语寒夜的你那难隐藏的光彩
  看我看一眼吧　莫让红颜守空枕

流浪是生命的开始

青春无悔不死　　永远的爱人
让流浪的足迹在荒漠里写下永久的回忆
飘去飘来的笔迹是深藏的激情你的心语
前尘后世轮回中　　谁在声音里徘徊
痴情笑我凡俗的人世终难解的关怀
…………

导演：上帝
女主角：三毛
男主角：荷西